SO-BLT-213

ALBANIAN
PHRASEBOOK

HIPPOCRENE BOOKS, INC.
New York

Copyright©2000 Hippocrene Books, Inc.

All rights reserved.

This book was published in a different version under the title *A Guide-Book to Albanian Liber Bisedimesh Anglisht-Shqip* by The "8 Nëntori" Publishing House, Tirana, Albania.

ISBN 0-7818-0791-3

For information, address:
HIPPOCRENE BOOKS, INC.
171 Madison Avenue
New York, NY 10016

Printed in the United States of America.

TABLE OF CONTENTS

PREFACE 5

1. Pronounciation 7
2. General 9
3. Acquaintance 15
4. Greetings and wishes 20
5. Ways of address, invitation, request,
   acceptance, refusal 24
6. Apology, regret, congratulations, condolences . . . 31
7. Age, family, relatives and profession 34
8. Education 41
9. The Weather 46
10. Days of the week, months, dates, time 51
11. At the border checkpoint, at the customs 58
12. Money-Exchange 65
13. At the Hotel 67
14. Tableware and Cutlery 85
15. At the Restaurant, Café 88
16. Numbers—The Bill 99
17. Colors, Qualities 102
18. Inscriptions, Door-Plates 104
19. Weights and Measures 106
20. Getting About Town 109
21. Shopping 115
22. At the Post Office 141
23. Service Establishments 147
24. Museums—Historic Places 158

25. At the Factory, Plant 163
26. Travelling by Air 176
27. Travelling by Sea 182
28. Travelling by Car 187
29. Health Service 209
30. At the Theater, Cinema 227
31. Sports 236

PREFACE

This Albanian language guide offers you most of the simple words and phrases you may need to enable you to communicate your needs directly, during your trip in Albania.

The material has been divided into 32 chapters. It starts with a key to pronunciation and continues with the general everyday words, questions and expressions. The other chapters deal with given themes, such as Acquaintance, Greetings and Wishes, Ways of Address, Invitation, Requests, Acceptance, Refusal, Apology, Regret, Congratulations, Condolences, Age, Family, Relatives, Profession, Education, The Weather, etc. Thus it is a simple aid to understanding the Albanians you may meet.

These are some of its practical advances. Besides this, the booklet is a valuable introduction to Albanian life.

1. PRONUNCIATION — SHQIPTIMI

The pronunciation of Albanian usually constitutes a great difficulty for the foreign beginner. He says *skipëtar* instead of *shqiptar* (Albanian), or if he wants *postage stamps* (pulla poste) from the reception desk of the hotel, he is liable to ask for *pula poste* (*pula* means *hens*) and is surprised when his request is not understood immediately.

Pronunciation of the Albanian language is extremely regular and once the rules are thoroughly grasped, every word can be easily and correctly pronounced.

In this language-guide we have used the international phonetic transcription. Only in rare instances have we deviated from this to make it easier for you to avoid certain difficulties of the Albanian language. Here we present the most important rules of Albanian pronunciation.

Below is the 36 letter Albanian alphabet and its illustrated phonetic transcription.

Letters	Phonetic Transcription	Illustrated Pronunciation
a	(a)	like "a" in **f**a**ther**
b	(b)	like "b" in **b**oy, **b**utter
c	(ts)	like "ts" in i**ts**, Be**ts**y, sco**ts**
ç	(tʃ)	like "ch" in **ch**air, mu**ch**
d	(d)	like "d" in **d**oor, **d**ay
dh	(th)	like "th" in **th**is, **th**at, **th**ere
e	(e)	like "e" in b**e**d, p**e**n, **e**gg
ë	(e)	like "er" in tak**er**, sist**er**
f	(f)	like "f" in **f**ine, **f**ur, **f**lower
g	(g)	like "g" in **g**old, ba**g**
gj	(dj)	palatal sound, something like "dj", or "gy" in the Hungarian "ma**gy**ar"
h	(h)	like "h" in **h**and, **h**ard
i	(i)	like "ee" in sh**ee**p, k**ee**n
j	(j)	like "y" in **y**ear, **y**arn
k	(k)	like "k" in **k**ettle, **k**ate

7

l	(l)	weak form, like "l" in lady, long
ll	(ll)	strong form, like "ll" in pull call
m	(m)	like "m" in mother, milk
n	(n)	like "n" in night, not
nj	(nj)	like "n" in new, neutron, onion
o	(o)	like "o" in port
p	(p)	like "p" in paper, pen, play
q	(q)	palatal *"ch"* or something like "kj"
r	(r)	weak form, like "r" in run, red
rr	(rr)	strong form, a trilled "r" as is common among the Scotsmen
s	(s)	like "s" in spring, sing, song
sh	(ʃ)	like "sh" in ship, fish, sharp
t	(t)	like "t" in tea, table
th	(θ)	like "th" in third, thick
u	(u)	like "u" in pull, put, or "oo" in book, look
v	(v)	like "v" in very, seven
x	(dz)	like "zz" in the Italian "mezzo"
xh	(dʒ)	like "j" in John, Jack, judge
y	(y)	like the German "ü" in Tür
z	(z)	like "z" in zero, zenith
zh	(ʒ)	like "s" in pleasure, measure or "z" in azuro

2. GENERAL — TE PËRGJITHSHME

Good morning!	*Mirëmëngjes!*	miremən'djes
Hello! Goodday!	*Mirëdita!*	mirə'dita
Good evening!	*Mirëmbrëma!*	mirə'mbrəma
Good bye!	*Mirupafshim!*	miru'paf ʃim
Good night!	*Natën e mirë!*	'natən e'mirə
Yesterday	*Dje*	dje
Today	*Sot*	sot
Tomorrow	*Nesër*	'nesər
How are you?	*Si jeni?*	si 'jeni
Please!	*Ju lutem!*	ju 'lutem
Yes	*Po*	po
No	*Jo*	jo
Yes, please	*Po, ju lutem*	po, ju 'lutem
No, thank you	*Jo, faleminderit*	jo falemnderit
Nothing	*Asgjë*	as'djə
Enough	*Mjaft*	mjaft
Excuse me; pardon!	*Më falnil*	me'falni
(very) well	*mirë (shumë mirë)*	'mirə ('ʃumə 'mirə)
All right; O.K.	*Në rregull*	nə 'rregull
When?	*Kur?*	kur
Who?	*Kush?*	kju ʃ
How long?	*Sa kohë?*	sa 'kohə
Where?	*Ku?*	ku
Where to?	*Për ku?*	pər 'ku
Here	*Këtu*	kə'tu
There	*Atje*	a'tje
On the right	*Djathtas*	'djaθtas
On the left	*Majtas*	'majtas
Straight on	*Drejt*	drejt

Where is my luggage?
Ku është bagazhi im?
ku 'əʃtə ba'gaʒi im

Do you have coffee; tea?
A keni kafe; çaj?
a 'keni 'kafe; tʃaj

I want ...
Unë dua ...
'unə 'dua ...

I would like ...
Unë dëshiroj ...
'unə dəʃi'roj ...

When does ... open?
Kur hapet ...?
kur 'hapet ...

How much is it?
Sa kushton kjo?
sa ku'ʃton kjo

What is ... called?
Si quhet ... ?
si 'quhet

How long will it last?
Sa kohë do të zgjasë kjo?
'sa 'kohe do te 'zdjasə kjo

Where is the toilet?
Ku është banja?
ku 'əʃtə 'banja

Where can I find a waste-paper basket?
Ku mund të gjej një kosh letrash?
ku 'mund tə 'djej njə koʃ 'letraʃ

Can you lend me your pen?
A mund të më huani pak penën?
a 'mund tə mə 'huani pak 'penən

Could you please, give (show) me ... ?
A mund të më jepni (tregoni) ... ?
a 'mund tə mə 'jepni (tre'goni)

One (two) ticket(s), please!
Një biletë (dy bileta), ju lutem!
nje bi'letə (dy bi'leta), ju 'lutem

What time is it?
Sa është ora?
sa 'əʃtə 'ora

After eight days.
Mbas tetë ditësh.
'mbas 'tetə 'ditəʃ

In an hour (ten minutes later)
Për një orë (për 10 minuta)
pər njə 'orə (pər 'thjetə mi'nuta)

Next week
Javën tjetër
'javən 'tjetər

Last month
Muajin e kaluar
'muajin e ka'luar

Two hours (five minutes) ago
Dy orë (pesë minuta) përpara
dy 'orə ('pesə mi'nuta) pər'para

Come in!
Hynil
'hyni

One moment, please!
Një moment, ju lutem!
'njə mo'ment, ju 'lutem

Don't disturb me!
Më lini të qetë
mə' lini tə 'qetə

Waiter!
Kamerier!
kame'rjer

The bill, please!
Dëshiroj të paguaj!
dəʃi'roj tə pa'guaj

Young lady; Miss
Zonjushë
zo'njuʃə

Help!
Ndihmël
'ndi:hmə

Alarm bell
Sinjal i alarmit
si'njal i a'larmit

Emergency case
Rast urgjence
'rast ur'djentse

I am glad (pleased).
Gëzohem (kënaqem).
ge'zohem (kə'naqem)

Do you speak English?
A flisni anglisht?
a 'flisni aŋ'liʃt

No, I speak German.
Jo, flas gjermanisht.
jo, flas djerma'niʃt

Is there anyone here who can speak English?
A ka ndonjë që flet anglisht këtu?
a ka ndo'njəqə flet ang'liʃt kə'tu

I can't speak Albanian (well).
Unë nuk flas (mirë) shqip.
'unə nuk 'flas ('mirə) 'ʃqip

Could you speak more slowly, please?
A mund të flisni më ngadalë, ju lutem?
a mund tə 'flisni mə nga'dalə, ju 'lutem

I want to speak (read, write, learn) Albanian.
Unë dua të flas (lexoj, shkruaj, mësoj) shqip.
unə 'dua tə flas (le'dzoj, 'ʃkruaj, mə'soj) ʃqip

Do you understand me?
A më kuptoni?
a mə kup'toni

I understand you quite well, but it's difficult for me to speak.
Unë ju kuptoj mjaft mirë, por e kam të vështirë të flas.
unə ju ku'ptoj mjaft 'mirə, por e kam tə və'ʃtirə tə 'flas

Would you repeat it once again, please?
A mund ta përsëritni edhe një herë, ju lutem?
a 'mund ta pərsə'ritni 'ethe njə 'herə, ju 'lutem

What does this word mean?
Çfarë do të thotë kjo fjalë?
'tʃfarə do tə 'θotə kjo 'fjalə

What is this called in Albanian?
Si i thonë kësaj në shqip?
si i 'θonə kə'saj nə 'ʃqip

Can you translate this for me?

A mund të ma përktheni këtë?

a 'mund tə ma pərk'θeni kə'tə

Just a minute, let me have a look at the book.

Prisni një minutë ta shikoj pak në libër.

'prisni njə mi'nutə ta ʃi'koj 'pak nə 'libər

3. ACQUAINTANCE—NJOHJE

What is your name?
Si ju (të) quajnë?
si ju (tə) 'quajnə

My name is ...
Unë quhem (mua më quajnë) ...
'unə 'quhem ('mua mə 'quajnə) ...

I'm called ...
Quhem ...
'quhem

This is my ...
Ky është ...
ky 'ə ʃtə

- husband	*- burri im*	- 'burri im
- wife	*- gruaja ime*	- 'gruaja 'ime
- son	*- djali im*	- 'djali im
- daughter	*- vajza ime*	- 'vajza 'ime
- friend	*- shoku im*	- 'ʃoku im
- (girl)-friend	*- shoqja (mike-sha) ime*	- 'ʃoqja (mi'keʃa) 'ime
- fiancé	*- e fejuara ime*	- e fe'juara 'ime
- fiancé	*- i fejuari im*	- i fe'juari im

Allow me to introduce Mr ...
Më lejoni t'ju njoh me zotin ...
mə le'joni t'ju njoh me 'zotin

I am very glad to meet you.
Gëzohem shumë që po njihemi.
gə'zohem 'ʃumə qə po 'njihemi

I am very pleased to meet you.
Është kënaqësi për mua që po ju takoj.
'ə ʃtə kənaqə'si par 'mua qə po ju ta'koj

The pleasure is mine.
Është kënaqësia ime gjithashtu.
'ə ʃtə kənaqə'sia 'ime djiθa'ʃtu

Do you live here?
Këtu banoni?
kə'tu ba'noni

Are you Mr. (Mrs., Miss) ... ?
Ju jeni zoti (zonja, zonjusha) ... ?
ju 'jeni 'zoti ('zonja, zo'njuʃa) ...

Where are you from? Where do you come from?
Nga jeni? Nga cili vend vini?
'nga 'jeni? 'nga 'tsili vend 'vini

I come from Germany, France, Sweden.
Unë vij nga Gjermania, Franca, Suedia.
'unə 'vij nga djerma'nia, 'frantsa, sue'dia.

I've come with the Swedish, French, delegation.
Unë kam ardhur me delegacionin suedez, francez
'unə kam 'arthur me delegatsi'onin sue'dez, fran'tsez

— for the National Day celebrations.
— për festën e Pavarësisë.
— 'pər 'festən e pavarə'sisə.

I've come to Albania
Unë kam ardhur në Shqipëri
'unə 'kam 'arthur nə 'ʃqipə'ri

— sent by my firm.
— i dërguar nga firma ime.
— i dərguar nga 'firma 'ime

— as a businessman.
— si tregtar.
— si treg'tar

16

— as a tourist.
— si turist.
—si tu'rist

I have come here for the first (second) time.
Unë vij për të parën (dytën) herë këtu.
unə vij pər tə 'parən ('dytən) 'herə kə'tu

I've been longing to come here.
Mezi kam pritur të vij këtu.
me'zi kam 'pritur tə vij kə'tu

I've heard a lot about Albania.
Kam dëgjuar shumë për Shqipërinë.
kam də'djuar 'ʃumə pər ʃqipə'rinə

It's a marvelous country.
Është vend i mrekullueshëm.
'əʃtə vend i ‚mreku'lluefəm

Everything is tidy and clean.
Çdo gjë është e pastër dhe në vendin e vet.
tʃdo djə 'əʃtə e 'pastər the nə'vendin e vet

The people are very happy.
Njer ëzit janë shumë të lumtur.
'njerəzit 'janə ʃumə tə 'lumtur

How long have you been living here?
Sa kohë keni që banoni këtu?
sa 'kohə 'keni qə ba'noni kə'tu

All my life.
Këtu kam jetuar gjithmonë.
Kə'tu kam je'tuar ‚djiθ'mone

I've been living here for three years.
Kam tre vjet që banoj këtu.
kam tre vjet qə ba'noj kə'tu

I have been here for a week (a fortnight) now.
Ka një javë (dy javë) që jam këtu.
ka njə 'javə (dy 'javə) qə jam kə'tu

We (I) like it very much.
Neve (mua) na (më) pëlqen shumë.
'neve ('mua) na (mə) pəl'qen 'ʃumə

I am spending my holidays here.
Këtu po kaloj pushimet.
Kə'tu po ka'loj pu'ʃimet

What do you do?
Çfarë pune bëni? (Çtfarë profesioni keni?)
'tʃfarə 'pune 'bəni ('tʃarə profesi'oni 'keni)

Where do you work?
Ku punoni?
Ku pu'noni

I am a worker.
Jam punëtor.
jam punə'tor

I work in the garment factory.
Punoj në fabrikën e konfeksioneve.
Pu'noj nə fa'brikən e konfeksi'oneve

I am an engineer.
Jam inxhinier.
jam indʒi'njer

I am a student.
Jam student (e).
jam stu'dent(e)

What are you studying for?
Për çfarë studioni?
Pər 'tʃfarə stu'djoni

I am studying medicine.
Studjoj për mjekësi.
Stu'djoj pər mjekə'si

Do you think you could find some free time?
A do të keni pak kohë të lirë?
a do tə 'keni pak 'kohə tə'lirə

Yes, when (where) shall we meet?

Po, kur (ku) do të takohemi?

Po, kur (ku) do tə ta'kohemi

I have never been to Albania before.

Unë nuk kam qenë në Shqipëri herë tjetër.

'unə nuk kam 'qənə nə ˌʃqipə'ri 'herə 'tjetər

Thank you.

Faleminderit.

Falemin'derit

4. GREETINGS AND WISHES – PËRSHËNDETJE DHE URIME

Good morning!	*Mirëmëngjes!*	'mirəmən'djes
Hello	*Mirëdita!*	'mir'dita
How do you do?	*Si jeni?*	Si 'jeni
Good-bye!	*Mirupafshim!*	'miru'paffim
Good afternoon!	*Mirëmbrëma!*	'mirə'mbrəma
Good evening!	*Mirëmbrëma!*	'mirəmbrəma
Good night!	*Natën e mirë!*	'natən e'mirə

You're welcome! Welcome
Mirë se erdhët!
'mirə se 'erthət

Did you have a nice journey?
Si e kaluat gjatë udhëtimit?
Si e ka'luat 'djatə uthə'timit

Oh, yes, a comfortable one.
Udhëtuam mjaft rehat.
Uthə 'tuam 'mjaft re'hat

Well, it was a bit tiring.
Udhëtimi ishte pak i lodhshëm
Uthə 'timi 'iʃte pak i 'lothʃəm

Glad to meet you!
Gëzohem që njihemi!
Gə'zohem qə'njihemi

How is your family?
Si janë nga shtëpia?
si 'janë nga ʃtə'pia

What about you?
Po ju, si jeni?
po 'ju si 'jeni

(Very) well, thanks.
Faleminderit, (shumë) mirë.
'falemin'derit ('ʃumə) 'mirə

My husband, (wife) is ill.
Burri, (gruaja) im (e) është i (e) sëmurë.
'burri, 'gruaja im, 'ime 'əʃtə i (e) sə'murə

Quick recovery.
Shërim të shpejtë.
ʃə'rim tə 'ʃpejtə

Hope you'll recover soon. Get well.
Të shkuara!
tə 'ʃkuara

We are very well (fine).
Ne e ndiejmë veten shumë mirë (shkëlqyeshëm).
ne e 'ndiejmə 'veten 'ʃumə 'mirə (ˌʃkəl'qyeʃəm)

Thank you for your warm welcome.
Ju falenderoj për pritjen e ngrohtë.
Ju ˌfalende'roj pər 'pritjen e 'ngrohtə

What's the news?
Ç'kemi?
tʃ'kemi

I haven't seen you for ages (long).
Ka shumë kohë që nuk ju kam parë.
ka 'ʃumə 'kohə qə nuk ju kam 'parə

Give my best regards to them all.
Shumë të fala të gjithëve.
'ʃumə tə' fala tə'djiθəve

Remember me to …Goodbye
Bëjini të fala … mirupafshim,
bəjini tə 'fala ˌmiru'pafʃim

My best wishes!

Urimet më të mira! (gjithë të mirat!)

u'rimet mə tə 'mira ('djiθə tə'mirat)

A happy New Year!

Gëzuar Vitin e Ri!

gə'zuar 'vitin e'ri

A happy birthday (many happy returns of the Day)!

Urime për ditëlindjen, u bëfsh njëqind vjeç.

u'rime pər ditə'lindjen, u bəʃʃ njə'qind vjetʃ

Have a nice trip (journey)!

Udhë të mbarë!

utʰə tə 'mbarə

Let us drink to our friendship.

Le të pimë për miqësinë tonë.

le tə 'pimə pər ,miqə'sinə 'tonə

To your health!

Të pimë për shëndetin tuaj!

tə 'pimə pər ʃən'detin 'tuaj

Good health!	**Cheers!**
Shëndet!	*Gëzuar!*
ʃən'det	gə'zuar

Let us drink this toast

Le ta pimë këtë dolli

Le ta 'pimə kə'tə do'lli

- **to your successes,**
- *për sukseset tuaja,*
  pər suk'seset 'tuaja

- **to our friendship,**
- *për miqësinë tonë,*
  pər miqə'sinə 'tonə

Allow me to greet you on behalf of the delegation, group.

Më lejoni t'ju përshëndes në emër të delegacionit, grupit.

mə le'joni tju ˌpərʃən'des nə 'emər tə delegatsi'onit, 'grupit

We wish you further successes in your work.

Ne ju urojmë arritje të reja në punën tuaj.

ne ju u'rojmə a'rritje tə 'reja nə 'punən 'tuaj

I (we) am (are) very grateful to you!

Unë (ne) ju jam (jemi) shumë mirënjohës!

'unə (ne) ju jam ('jemi) 'ʃumə, mirə'njohəs

I hope to find you even better next time,

Shpresoj t'ju gjej edhe më mirë, kur të vij prapë,

ˌʃpre'soj tju 'djej 'ethe mə 'mirə kur tə vij 'prapə

5. WAYS OF ADDRESS, INVITATION, REQUEST, ACCEPTANCE REFUSAL— SI TË DREJTOHEMI, FTESA, KERKESA, PRANIM, REFUZIM

Mister (Mr)	*zotëri*	,zotə'ri
Mistress (Mrs)	*zonjë*	'zonjə
Miss	*zonjushe*	zo'njuʃe
Ladies and Gentlemen	*zonja dhe zotërinj*	'zonja the zotə-rinj
friend	*mik, mike*	mik, 'mike
colleague	*koleg (e)*	ko'leg (e)

Dear friends!
Të dashur miq!
tə 'daʃur miq

With deep respect.
Me respekt të thellë.
me res'pekt tə 'θellə

Cordial greetings.
Përshëndetjë të përzemërta.
pər ʃən'detje tə pər'zemərta

I (we) thank you sincerely.
Ju falenderoj(më) nga zemra.
'ju falənde'roj(mə) nga 'zemra

Our best thanks for your warm reception.
Falenderimet më të mira për pritjen e ngrohtë.
Falende'rimet mə tə 'mira pər 'pritjen e 'ngrohtə

Thank you very much.
Faleminderit shumë.
,falemin'derit, 'ʃumə

Thanks, the same to you.
Faleminderit, gjithashtu edhe juve.
,falemin'derit, djiθa'ʃtu 'ethe 'juve

I am grateful to you.
Ju jam mirënjohës.
ju 'jam ‚mirə'njohəs

Many thanks for your help (trouble).
Ju faleminderit shumë për ndihmën (mundimin) tuaj.
ju falemin'derit 'ʃumə pər 'ndihmən (mun'dimin) 'tuaj

Would you like to visit the museum with us?
Dëshironi të vizitojmë muzeumin?
dəʃi'roni tə vizi'tojmə muze'umin

Would you like to play a game of chess?
Dëshironi të luajmë një lojë shah?
deʃi'roni tə 'luajmə njə 'lojə 'ʃah

Will you come (go) to the movies with us?
Do të vini në kinema?
do tə 'vini nə kine'ma

Yes, with pleasure.
Po,me kënaqësi.
po me kənaqə'si

Of course, certainly.
Sigurisht, patjetër.
sigu'riʃt, pa'tjetər

Yes, thank you very much.
Po, ju faleminderit shumë.
po, ju falemin'derit 'ʃumə

I should be delighted.
Me gjithë qeif.
me 'djiθə 'qəjf

No, I can't, I'm sorry.
Më vjen keq, nuk mundem.
mə vjen keq, nuk 'mundem

No, thank you.
Jo, faleminderit.
jo, falemin'derit

Very well.
Shumë mirë.
'ʃumə 'mirə

Sorry (unfortunately), I'm busy.
Më vjen keq (fatkeqësisht) jam i zënë.
mə vjen keq (,fatkeqə'siʃt) jam i 'zənə

We invite you...
Ju ftojmë...
ju 'ftojmə

Please, be so kind as to accept our invitation to dinner tonight.
Ju lutem, kini mirësinë të pranoni ftesën tonë për darkë sonte.
ju 'lutem 'kini mirə'sinə tə pra'noni 'ftesən 'tonə pər 'darkə 'sonte

You're invited to our party tonight.
Jeni i ftuar në mbrëmjen tonë sonte.
'jeni i 'ftuar nə 'mbrəjen 'tonə 'sonte

You're invited to my birthday party tomorrow.
Jeni i ftuar në ditëlindjen time nesër.
'jeni i 'ftuar nə ditə'lindjən 'time 'nesər

I received your invitation.
E mora ftesën tuaj.
e 'mora 'ftesən 'tuaj

Thank you for the invitation.
Ju faleminderit për ftesën.
ju falemin'derit pər 'ftesən

I'm glad to accept your invitation.
Me gjithë qejf e pranoj ftesën tuaj.
me 'djiθə qejf e pra'noj 'ftesn 'tuaj

Never
Kurrë (asnjëherë)
'kurrə (ˌasnjə'herə)

On no account; in no way.
Në asnjë mënyrë.
nə' 'asnjə mə'nyrə

Perhaps, maybe.
Ndofta, ka të ngjarë.
'ndofta, ka tə 'ndjarə

Probable, likely.
Ndofta, ka të ngjarë.
'ndofta ka tə 'ndjarə

It's impossible.
Kjo është e pamundur.
kjo 'əʃtə e pa'mundur

It doesn't go; that can't be done.
Kjo nuk bëhet.
kjo nuk' bəhet

Come in, please!
Hyni, ju lutem!
'hyni ju 'lutem

Close the door, please!
Mbylleni derën, ju lutem!
'mbylleni 'derən, ju 'lutem

Please, come and pick me up at home.
Eja(ni) ju lutem e më merrni në shtëpi.
'eja (ni) ju 'lutem e mə 'merrni nə ʃtə'pi

Come nearer, please!
Afrohuni, ju lutem!
a'frohuni ju 'lutem

Sit down (take a seat)!
Uluni ('zini vend)!
'uluni ('zini vend)

I'm sorry, I can't, I'm not feeling well.
Më vjen keq, nuk mundem, nuk 'ndihem mirë.
mə vjen keq, nuk 'mundem, nuk 'ndihem 'mire

I can't meet your request, it's a pity.
Më vjen keq, nuk mund t'jua plotësoj kërkesën.
mə'vjen keq, nuk mund 'tjua plotə'soj ,kər'kesən

I would rather not.
Nuk dua, faleminderit.
nuk 'dua, falemin'derit

Unfortunately, I have to refuse it.
Fatkeqësisht, më duhet t'jua refuzoj.
fatkeqə'siʃt, mə 'duhet 'tjua refu'zoj

Undoubtedly, of course.
Pa dyshim, sigurisht.
pa dy'ʃim, sigu'riʃt

Thank you for your attention.
Faleminderit për vëmendjen.
,falemin'derit pər və'mendjen

Thank you for your advice.
Faleminderit për këshillën.
,falemin'derit pər kə'ʃillən

I agree.
Jam i një mendjeje me ju.
jam i njə 'mendjeje me ju

O. K.
Shumë mirë, Në rregull.
'ʃumə 'mirə nə 'rregull

I have no objections (to it).
Nuk kam ndonjë kundërshtim.
nuk kam ndo'njə kundər'ʃtim

Right, quite so.
Drejt, tamam ashtu.
drejt ta'mam a'ʃtu

We are convinced of this.
Jemi të bindur për këtë.
'jemi tə 'bindur pər kə'tə

You're right.
Keni të drejtë.
'keni tə 'drejtə

That's not true.
Kjo s'është e vërtetë.
kjo s'əʃtə e vər'tetə

I'm afraid I have to contradict you.
Më vjen keq, por më duhet t'ju kundërshtoj.
mə vjen keq por mə 'duhet tju kundər'ʃtoj

I don't agree with you.
Nuk jam i një mendjeje me ju.
nuk jam i njə 'mendjeje me ju

I'm not for that; I'm against it; I don't agree.
Nuk jam për atë, jam kundër.
nuk jam pər a'tə, jam 'kundər

I want to talk to Mr…, can I?
A mund të bisedoj me zotin…?
a mund tə bise'doj me'zotin

Of course, you can, he'll be here in a minute.
Patjetër ,ja tani kthehet
pa 'tjetər, ja ta'ni 'kθehet

Unfortunately, you can't, he's on business.
Më vjen keq, por ai nuk është këtu, ka dalë (me shërbim).
mə vjen keq por ai nuk 'əʃtə kə'tu, ka 'dalə (me ʃər'bim)

O. K. I'll come back another time.
Mirë. do të vij një herë tjetër.
'mirə. do tə 'vij njə 'herə 'tjetər

6. APOLOGY, REGRET, CONGRATULATIONS, CONDOLENCES— NDJESË, KEQARDHJE, PËRGËZIME, NGUSHËLLIME

I'm sorry.
Më vjen keq; më falni.
mə vjen keq, mə 'falni

Excuse me.
Më falni.
mə 'falni

I am very sorry (about that).
Më vjen shumë keq (për atë).
mə vjen 'ʃumə keq (pər a'tə)

I'm deeply dissatisfied.
Nuk më vjen aspak mirë, jam shumë i pakënaqur.
nuk mə vjen as'pak 'mirə, jam 'ʃumə i pakə'naqur

I have to apologize.
Duhet t'ju kërkoj ndjesë.
'duhet tju kər'koj 'ndjesə

Please, don't take it amiss.
Mos ma merrni për të keq, ju lutem.
mos ma 'merrni pər tə keq, ju'lutem

Sorry for disturbing you.
Më falni që ju shqetësoj.
mə 'falni qə ju ʃqetə'soj

I am sorry about coming late.
Më falni për vonesën.
mə 'falni pər vo'nesən

What a pity!
Sa keq!
sa keq

With deep regret
Me keqardhje të madhe
me keq'arthje tə 'mathe

I regret to inform you...
Me keqardhje po ju njoftoj...
me keq'arthje po ju njo'ftoj

Unfortunately, it's impossible.
Fatkeqësisht, është e pamundur.
fatkeq'siʃt 'əʃtə e pa'mundur

It's a pity that...
Është për të ardhur keq se...
'əʃtə pər tə 'arthur keq se...

I share your grief (sorrow).
Marr pjesë në hidhërimin tuaj.
Marr 'pjesə nə hithər'imin 'tuaj

I was worried to hear about your illness.
U shqetësova kur mora vesh se ishit sëmurë.
u ʃqetə'sova kur 'mora veʃ se 'iʃit sə' murə

Congratulations!
Urime!
u'rime

Congratulations on your engagement.
Urime për fejesën.
U'rime pər fe'jesən

   - on your marriage.
   - për martesën.
    pər mar'tesən

   - on your success!
   - për suksesin tuaj!
    pər suk'sesin 'tuaj

Many happy returns of the day!
U bëfsh 100 vjeç!
u bəfʃ njə'qind vjetʃ

Best wishes on your birthday!
Urimet më të mira për ditëlindje!
u'rimet mə tə 'mira pər ditə'lindje

I wish you good health:
Të (ju) uroj shëndet!
tə (ju) u'roj ʃən'det

May success attend you!
Suksese! (Paç sukses!)
suk'sese (patʃ suk'ses)

Allow me to greet on behalf of our group.
Më lejoni t'ju përshëndes në emër të grupit tonë.
mə le'joni tju pərʃən'des nə 'emər tə 'grupit 'tonə

I hope to see you again.
Shpresoj të shihemi përsëri.
ʃpre'soj tə 'ʃihemi pərsə'ri

Write to let me know you arrived safe and sound.
Më njoftoni që arritët shëndoshë e mirë.
mə njof'toni qə a'rritət ʃən'do ʃə e 'mirə

I am (very) grieved about that.
Jam (shumë) i pikëlluar.
jam ('ʃumə) i pikə'lluar

My condolences!
Ngushëllimet e mia!
nguʃə'llimet e 'mia

Such cases are very rare.
Këto janë raste të rralla.
kə'to 'janə 'raste tə 'rralla

It was a great loss for all.
Ishte një humbje e madhe për të gjithë.
'Iʃte njə 'humbje e'mathe pər tə 'djiθə

7. AGE, FAMILY, RELATIVES, AND PROFESSION— MOSHA, FAMILJA, FAREFISI DHE PROFESIONI

How old are you?
Sa vjeç jeni?
Sa vjetʃ 'jeni

I am 25 years old.
Jam 25 vjeç.
jam 'njəzete'pesə 'vjetʃ

   - thirty years old,
   - *tridhjetë vjeç,*
    'trithjetə vjetʃ

   - forty years old,
   - *dyzet vjeç,*
    'dyzet vjetʃ

   - fifty-two years old,
   - *pesëdhjetë e dy vjeç,*
    'pesəthjetə e dy vjetʃ

I am 18 this year.
Sivjet mbush 18 vjeç.
si'vjet mbuʃ 'tetəmbə'thjetə vjetʃ

We are the same age.
Jemi moshatarë.
'jemi 'moʃa'tarə

Are you married?
A 'jeni i (e) martuar?
a 'jeni i (e) mar'tuar

   - single?
   - *beqar(e)?*
    be'qar(e)

- bachelor?
- beqar(e)?
be'qar(e)

- widow?
- e vé?
e 've

- widower?
- i vé?
i 've

I am engaged to be married.
Jam i fejuar.
jam i fe'juar

I have three children, one daughter and two sons.
Unë kam tre fëmijë, një vajzë dhe dy djem.
une kam tre fə'mijə, njə 'vajze the dy djem

How old is your daughter, your son?
Sa vjeç është vajza, djali juaj?
sa vjetʃ 'eʃtə 'vajza 'juaj, 'djali 'juaj

We are	*Ne jemi*	ne 'jemi kuʃə'rinj
cousins,	*kushërinj,*	
aunt	*teze*	'teze
boy	*djalë*	'djalə
brother	*vëlla*	və'lla
brother-in-law	*kunat*	ku'nat
cousin	*kushëri*	kuʃə'ri

cousin (uncle's son)
kushëri (djalë xhaxhai)
kuʃə'rir ('djalə ,dʒa'dʒai)

(female) cousin (uncle's daughter)
kushërirë (vajzë xhaxhai)
kuʃə'rirə ('vajzə ,dʒa'dʒai)

father	baba	'ba'ba
grandfather	gjysh	djyʃ
mother-in-law	vjehërr	'vjehərr
father-in-law	vjehërr	'vjehərr
stepmother	njerkë	'njerkə
stepfather	njerk	njerk
nephew	nip	nip
niece	mbesë	'mbesə
girl	vajzë	'vajzə
grandson	nip	nip
granddaughter	mbesë	'mbesə
sister	motër	'motər
sister-in-law	kunatë	ku'natə
mother	nënë	'nənə
grandmother	gjyshe	'djyʃe
uncle	xhaxha	'dʒa'dʒa

uncle's son (daughter)
djalë (vajzë) xhaxhai
'djalə ('vajzə) dʒa'dʒai

TRADES – ZANATET/PROFESIONET

accountant	llogaritar	llogari'tar
actor (actress)	aktor(e)	ak'tor(e)
adviser	këshilltar	kəʃill'tar
archaeologist	arkeolog	arkeo'log
architect	arkitekt	arki'tekt
assembly-worker	montator	monta'tor
bactereologist	bakteriolog	bakterio'log
baker	furrtar	furr'tar
	(bukëpjekës)	('bukə'pjekəs)
barber	berber	'ber'ber
biologist	biolog	bio'log
book-keeper	llogaritar	llogari'tar
book-seller	librashitës	'libra'ʃitəs
brick-layer	murator	mura'tor
businessman	afarist	afa'rist
car-mechanic	xhenerik	dʒene'rik

carpenter	*karpentier*	karpen'tier
chemist	*kimist*	ki'mist
confectioner		
(pastrycook)	*pastiçier*	pasti'tʃjer
controller	*kontrollor*	kontro'llor
cook	*kuzhinier*	kuʒi'njer
craftsman		
(artisan)	*zejtar*	zej'tar
dentist	*dentist*	den'tist
dermatologist	*dermatolog*	dermato'log
designer	*projektues*	projek'tues
diplomat	*diplomat*	diplo'mat
docker	*punëtor porti*	punə'tor 'porti
doctor	*doktor*	dok'tor
dramatist	*dramaturg*	drama'turg
driver	*shofer*	ʃo'fer
economist	*ekonomist*	ekono'mist
editor	*redaktor*	redak'tor
electrician	*elektricist*	elektri'tsist
engineer	*inxhinier*	indʒi'njer
ethnographer	*etnograf*	etno'graf
ethnologist	*etnolog*	etno'log
etymologist	*etimolog*	etimo'log
expert	*ekspert*	eks'pert
	(specialist)	(spetsia'list)
farmer	*fermer/blegtor*	fer'mer/bleg'tor
fisherman	*peshkatar*	peʃka'tar
fitter	*axhustator*	adʒusta'tor
fruiterer	*shitës frutash*	'ʃitəs 'frutaʃ
gardener	*kopshtar*	kop'ʃtar
general medical		
practitioner	*patholog*	paθo'log
geographer	*gjeograf*	djeo'graf
geologist	*gjeolog*	djeo'log
grocer	*bakall*	ba'kall
heart-surgeon	*kardio-kirurg*	'kardio-ki'rurg
housewife	*shtëpiake*	ʃtəpi'jake
instrumentalist	*instrumentist*	instrumen'tist
interpreter	*përkthyes*	pərk'θyes
journalist	*gazetar*	gaze'tar

judge	gjykatës/	djy'katəs/
	gjyqtar	djyq'tar
kindergarten	edukatore	eduka'tore
teacher	kopshti	'kopʃti
laundryman	rroba-larës(e)	rroba'larəs(e)
(~woman)		
librarian	bibliotekare	bibliote'kare
linesman	fillrojtës	fill'rojtəs
linguist	gjuhëtar	djuhə'tar
marksman	qitës	'qitəs
mathematician	matematikan	matemati'kan
mechanic	mekanik	meka'nik
metallurgist	metalurg	meta'lurg
meteorologist	meteorolog	meteoro'log
midwife	mami	ma'mi
milkmaid	mjelëse lopësh	,mjeləse 'lopəʃ
miner	minator	mina'tor
musician	muzikant	muzi'kant
neurologist	neurolog	neuro'log
newspaperman	gazetar	gaze'tar
news-vendor	gazetashitës	ga'zeta'ʃitəs
notary	noter	no'ter
nurse (maid)	edukatore	edukat'ore
	kopshti,	'kopʃti,
	infermiere	infer'mjere
official	nëpunës	nəpunəs
orchestra		
conductor	dirigjent	diri'djent
pensioner	pensionist	pensio'nist
pharmacist	farmacist	farma'tsist
philatelist	filatelist	filate'list
photographer	fotograf	foto'graf
physician	mjek	mjek
physicist	fizikan	fizi'kan
pianist	pianist	pia'nist
pilot	pilot	pi'lot
plate-layer	punëtor hekuru-	punə'tor
	dhe	'hekuruthe
plumber	hidraulik	hidrau'lik
poet	poet	po'et

38

postman (mailman)	*postier*	pos'tjer
post-office clerk	*nëpunës poste*	nə'punës 'poste
press-photographer	*fotoreporter*	'foto-repor'ter
professor	*profesor*	profe'sor
pupil	*nxënës(e)*	'ndzənəs (e)
reporter	*korespondent*	korespon'dent
sailor	*marinar*	mari'nar
scientist	*shkencëtar*	ʃkentsə'tar
script-writer	*skenarist (filmash)*	skenarist ('filmaʃ)
sculptor	*skulptor*	skulp'tor
secretary	*sekretar(e)*	sekre'tar(e)
seismologist	*sizmolog*	sizmo'log
shoe-maker	*këpucar*	kəpu'tsar
shop-keeper	*dyqanxhi(shitës)*	dyqan'dʒi ('ʃitəs)
silver-smith	*argjendar*	ardjen'dar
singer	*këngëtar*	kəngə'tar
stone-carver	*gurëgdhendës*	gurəg'thendəs
student	*student*	stu'dent
surgeon	*kirurg*	ki'rurg
tailor (dressmaker)	*rrobaqepës(e)*	,rroba'qepəs(e)
teacher	*mësues(e)*	mə'sues(e)
technician	*teknik(e)*	tek'nik(e)
technologist	*teknolog(e)*	tekno'log(e)
telegrapher	*telegrafist(e)*	telegra'fist(e)
trainer	*trainer(e)*	trai'ner(e)
turner	*tornitor(e)*	torni'tor(e)
typist	*daktilografist(e)*	daktilogra'fist(e)
topographer	*topograf*	topo'graf
unemployed	*i (e) papunë*	i (e) ,pa'punə
veterinarian	*veteriner*	veteri'ner
wage earner	*punëtor me mëditje*	punə'tor me mə'ditje
waiter	*kamerier*	kame'rjer
waitress	*kameriere*	kame'rjere
watch-maker	*orëndreqës*	'orə'ndreqəs

white-washer	*bojaxhi*	boja'dʒi
worker	*punëtor*	punə'tor
writer	*shkrimtar*	ʃkrim'tar
zoologist	*zoolog*	zoo'log

8. EDUCATION – ARSIMI

What (where) do you study?
(Për) Çfarë (ku) studioni?
(pər) 'tʃfarə (ku) stud'joni

I stydy... in...
Unë studioj për...në...
'unə stu'djoj pər...nə...

University of Tirana
Universiteti i Tiranës
universi'teti i ti'ranəs

Higher Institute of Agriculture
Instituti i Lartë Bujqësor
insti'tuti i 'lartə bujqe'sor

Institute of Physical Culture
Instituti i Kulturës Fizike
insti'tuti i kul'turəs fi'zike

Teacher Training Institute
Instituti Pedagogjik
insti'tuti ,pedago'djik

The Higher Institute of Arts
Instituti i Lartë i Arteve
insti'tuti i 'lartə i 'arteve

institute	*institut*	institut
course	*kurs*	kurs
higher school	*shkollë e lartë*	'ʃkollə e 'lartə
arts and crafts school	*shkollë artizanale*	'ʃkollə artiza'nale
commercial school	*shkollë tregtare*	'ʃkollə treg'tare
elementary school	*shkollë fillore*	ʃ'kollə fi'llore

41

secondary school   *shkollë e mesme*   'ʃkollə e 'mesme

vocational school   *shkollë profesio-nale*   'ʃkollə pro-fesjo'nale

correspondence courses
shkollë me korrespondencë
'ʃkollə me 'korespon'dentsə

evening-courses (school)
shkollë mbrëmjeje
'ʃkollə 'mbrəmjeje

regular school
shkollë e rregullt
'ʃkollə e 'rregullt

Faculty of History and Philology
Fakulteti i Historisë e Filologjisë
fakul'teti i histo'risə e filolo'djise

Engineering Faculty
Fakulteti i Inxhinierisë
fakul'teti i indʒinje'risə

Faculty of Natural Sciences
Fakulteti i Shkencave të Natyrës
fakul'teti i ʃkentsave tə na'tyrəs

Faculty of Medicine
Fakulteti i Mjekësisë
fakul'teti i mjekə'sisə

Faculty of Law
Fakulteti i Drejtësisë
fakul'teti i drejtə'sisə

Faculty of Economics
Fakulteti Ekonomisë
fakul'teti ekono'misə

Faculty of Geology and Mining
Fakulteti Gjeologji-Miniera
fakul'teti djeolo'dji mi'njera

archaeology
arkeologji
arkeolo'dji

architecture
arkitekturë
arkite'kturə

machine-building
ndërtim makinash
ndərtim ma'kinaʃ

biology	*biologji*	biolo'dji
biochemistry	*biokimi*	bioki'mi
chemistry	*kimi*	ki'mi
dentistry	*stomatologji*	stomatolo'dji
economic	*shkenca*	'ʃkentsa ekono-
sciences	*ekonomike*	'mike
geography	*gjeografi*	djeogra'fi
geology	*gjeologji*	djeolo'dji
geophysics	*gjeofizikë*	djeofi'zikə
history	*histori*	histo'ri
history of art	*histori arti*	histo'ri'arti
mathematics	*matematikë*	matema'tikə
mechanical	*inxhinieri*	indzinje'ri
engineering	*mekanike*	meka'nike
medicine	*mjekësi*	mjekə'si
painting	*pikturë*	pik'turə
pedagogy	*pedagogji*	pedago'dji
pharmacy	*farmaci*	farma'tsi
physics	*fizikë*	fi'zikə
political		
sciences	*shkenca politike*	'ʃkenca poli'tike
psychology	*psikologji*	psikolo'dji
veterinary		
medicine	*veterinari*	veterina'ri
university	*universitet*	universi'tet
bench	*bankë*	'bankə
class		
(the pupils)	*klasë (nxënësit)*	'klasə ('ndzənəsit)

desk	*tavolina e*	tavo'lina e
	mësuesit	mə'suesit
	(katedra)	(ka'tedra)
classroom	*klasë*	'klasə
lecture	*leksion*	le'ksion

When do children go to school?
Kur shkojnë fëmijët në shkollë?
kur 'ʃkojnə fə'mijət nə 'ʃkollə

How many classes are there in a day?
Sa orë mësimi bëjnë nxënësit në ditë?
sa 'orə mə'simi 'bəjnə 'ndzənəsit nə 'ditə

Do families pay fees for their children's schooling?
A pagguajnë familjet taksa shkollore?
a pa'guajnə fa'miljet 'taksa ʃko'lore

No, they pay only for the text-books.
Jo, ato blejnë vetëm tekstet shkollore.
jo, a'to 'blejnə 'vetəm 'tekstet ʃko'lore

When was the University set up?
Kur është ngritur universiteti?
kur 'əʃtə 'ngritur universi'teti

When do children go to the kindergarten?
Kur shkojnë fëmijët në kopsht?
kur 'ʃkojnə fə'mijət nə 'kopʃt

How is the problem of bursaries?
Si qëndron problemi i bursave?
si qən'dron pro'blemi i 'bursave

The state pays full and half bursaries.
Shteti paguan bursë të plotë dhe gjysmë burse.
'ʃteti pa'guan 'bursə tə 'plotə the 'djysmə 'burse

The University of Tirana has 7 faculties with 38 specialities.

Universiteti i Tiranës ka 7 fakultete me 38 specialitete.

universi'teti i ti'ranəs ka 'ʃtatə fakul'tete me trithjete 'tetə specjali'tete.

How many students are there in the University?

Sa studentë ka Universiteti?

sa stu'dentə ka universi'teti

9. THE WEATHER – MOTI

What will the weather be like?
Si do të jetë koha (moti)?
si do tə 'jetə 'koha ('moti)

What does the weather forcast say?
Çfarë thotë buletini i motit?
'tʃfarə 'θotə bule'tini i 'motit

The barometer is rising (falling).
Presioni po ngjitet (ulet).
pre'sioni po 'ndjitet ('ulet)

It looks like rain.
Duket se do të bjerë shi.
'duket se do tə 'bjerə 'ʃi

Do you think it's going to rain (to snow)?
A do të bjerë shi (borë)?
a do tə 'bjerə 'ʃi ('borə)

Is the road over that pass free of snow?
A u hap qafa nga dëbora?
a u hap 'qafa 'nga də'bora

How is the road to...?
Si është gjendja e rrugës për në...?
si 'əʃtə' djendja e 'rrugəs pər nə

Is the road to ... in good condition?
A është e mirë rruga për në...?
a 'əʃtə e 'mirə 'rruga pər nə

It's freezing hard. *Ka ngrirë shumë.* ka ŋrirə 'ʃumə	**It's stifling hot.** *Është shumë nxehtë.* 'əʃtə 'ʃumə 'ndzehtə
(misty) foggy *me mjegull* me 'mjegull	**very windy** *me shumë erë* me 'ʃumə 'erə

very hot and humid
shumë zagushi
'ʃumə zagu'ʃi

stormy weather
(mot me) stuhi
(mot me) stu'hi

What's the temperature today?
Sa është temperatura sot?
sa 'əʃtə tempera'tura sot

It's five degrees above (below) freezing point.
Është 5 gradë mbi (nën) zero.
'əʃtə 'pesə 'gradə mbi (nən) 'zero

It's cold, warm, hot.
Është ftohtë, ngrohtë, nxehtë.
'əʃtə 'ftohtə, 'ngrohtə, 'ndzehtə

Is the fine weather going to continue?
A do të vazhojë moti i mirë?
a do të vaʒ'dojə 'moti i 'mirə

The weather will change.
Moti do të ndryshojë.
'moti do tə ndry'ʃojə

The weather will improve.
Moti do të përmirësohet.
'moti do tə pərmirə'sohet

A storm is brewing.
Do të kemi shtrëngatë (stuhi).
do tə 'kemi, ʃtrə'ngatə (stu'hi)

Is the fog going to lift?
A do të shpërndahet mjegulla?
a do tə ʃpərn'dahet 'mjegulla

The weather is clearing.
Moti po qartësohet.
'moti po qartə'sohet

The sun is shining.
Dielli po ndriçon.
'dielli po ndri'tʃon

The sky is clear.
Qielli është i pastër.
'qieli 'əʃtə i 'pastər

We don't have as hot as this.
Te ne nuk bën kaq vapë.
te ne nuk bən kaq 'vapə

air	*ajër*	'ajər
air-pressure	*presion ajri*	pre'sjon 'ajri
barometer	*barometër*	baro'metər
climate	*klimë*	'klimə
cloud	*re*	re
cloudy	*me re*	me re
cloudless	*pa re*	pa re
dawn	*muzg, agim*	muzg, a'gim
dew	*vesë*	'vesə
earthquake	*tërmet*	tər'met
fog (mist)	*mjegull*	'mjegull
frost	*ngricë, cingërimë*	'ngricə, tsingə'rimə
hail	*breshër*	'breʃər
hailstorm	*shtrëngatë breshëri*	ʃtrə'ngatə 'breʃəri
heat	*nxehtësi*	ndzehtə'si
ice	*akull*	'akull

It's hailing.
Bien breshër.
'bien 'breʃər

There's lightning.
Bie rrufe (shkarkon, shkrepëtin).
'bie rru'fe (ʃkar'kon, ʃkre'ptin)

It's freezing hard.
Bën shumë ngricë.
bən 'ʃumə 'ngritsə

There will be a frost tonight.
Sonte do të ketë ngricë.
'sonte do tə 'ketə 'ngritsə

It's raining cats and dogs; It's pouring with rain.
Bie shi me gjyma.
'bie ʃi me 'djyma

It's raining.	**It's snowing.**
Bie shi.	*Bie borë.*
'bie ʃi	'bie 'borə

It's cold.
Bën ftohtë.
bən 'ftohtə

(a flash of) lightning
rrufe
rru'fe

It's thundering	**Dew is forming.**
Gjëmon.	*Veson.*
djə'mon	ve'son

English	Albanian	Pronunciation
rain	*shi*	ʃi
rainfall (precipitation)	*areshje shiu*	'areʃje 'ʃiu
road condition	*gjendja e rrugëve*	'djendia e 'rrugəve
overcast	*me vranësira*	me vranə'sira
snow	*borë, dëborë*	'borə, də'borə
snowfall	*reshje bore*	'reshje 'bore
snowflakes	*flokë bore'*	'flokə 'bore
snowstorm	*stuhi dëbore*	stu'hi də'bore
sun	*diell*	'diell
sunrise	*lindje dielli*	'lindje 'dielli
sunset	*perëndim dielli*	perən'dim 'dielli
shower storm	*shtrëngatë; stuhi*	ʃtrə'ngatə; stu'hi
thunder	*bubullimë, gjëmim*	bubu'llime, djə'mim

torrential rain	*rrebesh; shi me gjyma*	rre'beʃ, ʃi me 'djyma
the weather	*moti*	'moti
the weather report	*buletini i motit*	bule'tini i 'motit
temperature	*temperaturë*	,tempera'turə
wind	*erë*	'erə
windy weather	*mot me erë*	mot me 'erə

It's blowing.
Fryn erë.
fryn 'erə

The wind is dropping.
Era po bie.
'era po 'bie

It's bad weather.
Është mot i keq.
'əʃtə mot i keq

10. DAYS OF THE WEEK, MONTHS, DATES, TIME –
DIËT E JAVËS, MUAJT E VITIT, DATA, ORA

What day is today?
Ç'ditë është sot
'tʃditə 'əʃtə sot

It is Monday	*Është e hënë*	'əʃtə e 'hənə
- Tuesday	*- e martë*	e 'martə
- Wednesday	*- e mërkurë*	e mər'kurə
- Thursday	*- e enjte*	e 'enjte
- Friday	*- e premte*	e 'premte
- Saturday	*- e shtunë*	e 'ʃtunə
- Sunday	*- e diel*	e 'diel
day	*ditë*	'ditə
week	*javë*	'javə
work-day	*ditë-pune*	'ditə 'punə
holiday,	*pushim, ditë*	pu'ʃim; 'ditə
day-off	*pushimi*	pu'ʃimi
January	*janar*	ja'nar
February	*shkurt*	ʃkurt
March	*mars*	mars
April	*prill*	prill
May	*maj*	maj
June	*qershor*	qer'ʃor
July	*korrik*	ko'rrik
August	*gusht*	guʃt
September	*shtator*	ʃta'tor
October	*tetor*	te'tor
November	*nëntor*	nə'ntor
December	*dhjetor*	thje'tor
The seasons	*Stinët e vitit*	'stinət e 'vitit
of the year	*janë:*	'janə
are:		
- Spring	*- pranvera*	pran'vera
- Summer	*- vera*	'vera
- Autumn	*- vjeshta*	'vjeʃta
- Winter	*- dimri*	'dimri

What's the date today?
Sa është data sot?
sa 'əʃtə 'data sot

It's 4ᵀᴴ of July.
Sot është 4 korrik.
sot 'əʃtə 'katər ko'rrik

On July 10, 1981.
Më 10 korrik një,mijë e nëntëqind e tetëdhjetë e një
mə' thjetə ko'rrik ,njəmijə e 'nəntəqind e ,tetəthjetə
   e 'njə

Until December 15.
Deri më 15 dhjetor.
'deri mə pesəmbəthjetə thje'tor

On May Day this year (next year).
Më 1 maj të këtij viti (vitit tjetër).
mə njə maj tə kə'tij 'viti ('vitit 'tjetər)

We leave on August 13.
Ne ikim më trembëdhjetë gusht.
ne 'ikim mə 'trembəthjetə guʃt

We arrived on July 30.
Ne kemi ardhur më tridhjetë korrik.
ne 'kemi 'arthur mə 'trithjetə ko'rrik

The letter was sent on July 9.
Letra u dërgua më 9 kottik.
'letra u dər'gua mə 'nəntə ko'rrik

Thanks for your letter of October 2.
Faleminderit për letrën e 2 tetorit.
falemin'derit pər 'letrən e dy te'torit

It's still early.	**It's late.**
Është ende shpejt.	*Është vonë.*
e'ʃtə 'ende ʃpejt	'əʃtə 'vonə

in the morning	në mëngjes	nə mən'djes
in the evening	në mbrëmje	nə 'mbrəmje
evenings		
(in the)	mbrëmjeve	'mbrəmjeve
in the afternoon	mbasdite	mbas'dite
day	ditë	'ditə
by day	ditën	'ditən
during the day	gjatë ditës	'djatə 'ditəs
all day (long)	gjithë ditën	'djiθə 'ditən
around the		
clock	24 orë rresht	njəzete'katər
		'orə 'rreʃt
a full hour	plot një orë	plot njə 'orə
the whole		
week	tërë javën	'tərə 'javən
the whole		
month	gjthë muajin	'djiθə 'muajin
throughout		
the year	gjatë gjithë vitit	'djatə 'djiθə 'vitit
every		
morning	çdo mëngjes	tʃdo mən'djes
about lunch		
time	afër drekës	'afər 'drekəs
every		
lunchtime	çdo drekë, drekave	tʃdo 'drekə,
		'drekave
every day	çdo ditë, përditë	tʃdo 'ditə,
		pər'dite
every hour	çdo orë	tʃdo 'orə
the day before		
yesterday	pardje	par'dje
yesterday	dje	dje
today	sot	sot
tomorrow	nesër	'nesər
the day after		
tomorrow	pasnesër	pas'nesər
in a week	mbas një jave	mbas një 'jave
after a		
fortnight	pas dy javësh	pas dy 'javəʃ
this morning	sot në mëngjes	sot nə mən'djes

today at noon; in the afternoon, evening
sot në drekë; pasdite, në darkë
sot nə 'drekə; pas'dite; nə 'darkə

tonight	*sonte*	'sonte
two days ago	*para dy ditësh*	'para dy 'ditəʃ
three weeks		
ago	*para tre javësh*	'para tre 'javəʃ
a month ago	*para një muaji*	'para njə 'muaji
ten days ago	*që prej dhjetë*	qə prej 'thjetə
	ditësh	'ditəʃ
within a		
week	*brenda një jave*	'brənda njə 'jave

last (next) year
vitin e kaluar (e ardhshëm)
'vitin e ka'luar (e 'arth ʃəm)

north	*veri*	ve'ri
in the north	*në veri*	nə ve'ri
east	*lindje*	'lindje
in the east	*në lindje*	nə 'lindje
south	*jug*	jug
in the south	*në jug*	nə jug
west	*perëndim*	perən'dim
in the west	*në perëndim*	nə perən'dim

from time to time, time and again, now and then
kohë pas kohe
'kohə pas 'kohə

at this time	**a little while ago**
në këtë kohë	*pak më parë*
nə kə'tə 'kohə	pak mə 'parə

always; at any time
gjithnjë; në çdo kohë
djiθ'njə; nə tʃdo 'kohə

early	*herët*	'herət
earlier	*më herët*	mə 'herət

late	*vonë*	'vonə
later	*më vonë*	mə 'vonə
now	*tani*	ta'ni
recently	*kohët e fundit*	'kohət e 'fundit
sometimes	*ndonjëherë*	'ndonjə'herə
since	*që prej, qysh*	qə prej, qyʃ
soon	*shpejt, së shpejti*	ʃpejt, sə' ʃpejti

**preliminary, provisional, temporary, for the time
   being**
paraprak, hëpërhë
para'prʌk, həpər'hə

to, up to, till	*deri*	'deri
second	*sekondë*	se'kondə
minute	*minutë*	mi'nutə
hour	*orë*	'orə

half a year; 6 months
gjysmë viti; gjashtë muaj
'djysmə 'viti; 'djaʃtə 'muaj

leap year
vit i brishtë
vit i 'briʃtə

THE (CLOCK) TIME – ORA

What time is it?
Sa është ora?
sa 'əʃtə 'ora

What's the correct time?
Sa është ora e saktë?
sa 'əʃtə 'ora e 'saktə

It's one o'clock.
Ora është një.
'ora 'əʃtə njə

It's about two o'clock.
Afërsisht dy.
afər'siʃt dy

It's three o' clock exactly.
Është tre fiks.
'əʃtə tre fiks

It's a quarter past four.
Është katër e një çerek.
'əʃtə 'katər e njə tʃe'rek

It's half past six (6:30).
Ora është gjashtë e gjysmë (e tridhjetë).
'ora 'əʃtə 'djaʃtə e 'djysmə (e tri'thjeta)

It's a quarter to nine.
Ora është nëntë pa një çerek.
'ora 'əʃtə 'nəntə pa njə tʃe'rek

It's five past three.
Ora është tre e pesë.
'ora 'əʃtə tre e 'pesə

It's ten to two.
Ora është dy pa dhjetë.
'ora 'əʃtə dy pa' thjetə

When?	**When did it happen?**
Kur?	*kur ndodhi?*
kur	kur 'ndothi
At 10 o'clock.	**at eight sharp,**
Në orën dhjetë,	*fiks në orën tetë,*
nə 'orən 'thjetə	fiks nə 'orən 'tetə

from 4 to 6 o'clock,
nga ora katër deri më gjashtë,
nga 'ora 'katər 'deri mə 'djaʃtə

between five and six o'clock.
midis orës pesë e gjashtë.
mi'dis 'orəs 'pesə e 'djaʃtə

The film begins at 5 in the afternoon.
Filmi fillon në ora pesë pasdite.
'filmi fi'llon nə 'ora 'pesə pas'dite

We shall have dinner at 7:30 p.m.
Darkën do ta hamë në ora 7.30 pasdite.
'darkən do ta 'hamə nə 'ora 'ʃtatə e tri'thjetə pas'dite

The bus starts in half an hour.
Autobusi niset për një gjysmë ore.
auto'buzi 'niset pər njə 'gjysmə 'ore

We will arrive in Tirana in two hours.
Ne do të arrijmë në Tiranë për dy orë.
ne do tə a'rrijmə nə ti'ranə pər dy 'orə

Not before seven o'clock.
Jo para orës shtatë.
jo 'para 'orəs 'ʃtatə

shortly after nine
fill mbas orës nëntë
fill mbas 'orəs 'nəntə

The lecturer is at our disposal for three hours.
Lektori është në dispozicionin tonë për tre orë rresht.
le'ktori 'əʃtə nə dispozi'tsjonin 'tonə pər tre 'orə' rjeʃt

How long will it last?
Sa kohë do të zgjasë?
sa 'kohə do tə 'zdjasə

The earthquake damage was repaired in five months,
Pasojat e tërmetit u likuiduan për pesë muaj,
pa'sojat e ter'metit u likui'duan pər 'pesə 'muaj

11. AT THE BORDER CHECKPOINT,
AT THE CUSTOMS–
NË KUFI, DOGANË

Whether you arrive in Albania by sea, air or land, you must go through all customs and immigration formalities. You are sure to find someone who speaks English there. Therefore, we'll be as brief as possible in this section. Customs clerks will all be ready to help you clear through very quickly.

Below are some auxiliary words and phrases.

Your passport, please!
Pasaportën, ju lutem!
pasa'portən ju 'lutem

Here you are.
Urdhëroni.
urthə'roni

Where are your visas, please?
Ku i keni vizat, ju lutem?
ku i 'keni 'vizat ju 'lutem

Sorry, here you are.
Më falni, urdhëroni.
me 'falni urthə'roni

How long will you stay?
Sa do të qëndroni?
sa do tə qən'droni

Just a few days, a week, two weeks, one month.
Vetëm disa ditë, një javë, dy javë, një muaj.
,vetəm di'sa 'ditə, njə 'javə, dy 'javə, njə'muaj

IF DIFFICULTIES ARISE:

Sorry, I don't understand you.
Më falni, nuk ju kuptoj.
mə 'falni nuk ju kup'toj

Is there anyone here who speaks English?
Flet ndonjëri anglisht këtu?
flet ndo'njəri an'gliʃt kə'tu

My papers, please.
Dokumentat e mia, ju lutem
doku'mentat e 'mia ju 'lutem

I have come here on business/holiday.
Këtu kam ardhur për punë tregtie/ për pushime.
kə'tu kam 'arthur pər 'punə treg'tije, pər puʃime

I have no vaccination certificate.
Nuk kam çertifikatë vaksinimi.
nuk kam tʃertifi'katə vaksi'nimi

What must I do?
Çfarë duhet të bëj?
'tʃfarə 'duhet tə bəj

I have been vaccinated against smallpox (cholera).
Jam vaksinuar kundër lisë (kolerës).
jam vaksi'nuar 'kundər 'lisə (ko'lerəs)

I belong to the ... travel group.
Unë i përkas grupit të udhëtarëve ...
'unə i pər'kas 'grupit tə uthə'tarəve

The children are registered in my passport.
Fëmijët janë regjistruar në pasaportën time.
fə'mijət 'janə redjis'truar nə pasa'portən 'time

Can you issue me a visa here?
A mund të më lëshoni një vizë këtu?
a'mund tə mə' ləʃoni njə 'vizə kə'tu

Fill in this certificate.
Plotësojeni këtë çertifikatë.
plotə'sojeni kə'tə tʃertifi'katə

The exit is on the left.
Dalja është në krahun e majtë.
'dalja 'əʃtə nə 'krahun e 'majtə

border	kufi	ku'fi
color of the hair	ngjyra e flokëve	'ndjyra e 'flokəve
color of the eyes	ngjyra e syve	'ndjyra e 'syve
date of birth	datëlindja	'datə'lindja
driver's license	patenta e shoferit	pa'tenta e ʃo'ferit
departure	nisja	'nisja
entry	hyrje	'hyrje
entry visa	vizë për hyrje	'vizə pər 'hyrje
exit	dalje	'dalje
exit visa	vizë për dalje	'vizə pər 'dalje

FAMILY STATUS:
Gjendja Familijare:
'djendja famil'jare

- bachelor	- beqar	- be'qar
- married	- i martuar	- i mar'tuar
- widow(er)	- e(i) ve	- e(i) ve

father's name	atësia (emri i babait)	atə'sia ('emri i ba'bait)
first name	emri	'emri
height	shtatlartësia	'ʃtatlartə'sia
identity card	letër njoftimi	'letər njof'timi
insurance paper	fletë sigurimi	'fletə sigu'rimi
mother's name	amësia (emri i nënës)	amə'sia ('emri i 'nənəs)
nationality	kombësia	kombə'sia
number of passport	numri i pasaportës	'numri i pasa'portəs
occupation (profession)	profesioni	profe'sjoni

passport;		
travel docu-	*pasaportë*	pasa'portə
ments	*(udhëtimi)*	uthə'timi
passport	*kontroll pasa-*	kon'troll
control	*porte*	pasa'porte
extend (visa)	*zgjas (vizën)*	z'djas 'vizən
prolongation	*zgjatje*	'zdjatje
place of		
residence	*vendbanimi*	vendba'nimi
regulations	*rregulla*	'rregulla
special rules	*rregulla të*	'rregulla tə
	veçanta	ve'tʃanta
special signs	*shenja të*	'ʃenja tə
	veçanta	ve'tʃanta
second-name,		
surname	*mbiemri*	mbi'emri
valid	*e vlefshme*	e 'vlefʃme
	(i vlefshëm)	(i 'vlefʃəm)
visa	*vizë*	'vizə

Have you anything to declare?
A keni gjë për të zhdoganuar?
a 'keni djə pər tə ʒdoga'nuar

I have nothing but my personal effects.
Kam vetëm gjëra për nevoja personale.
kam 'vetəm 'djəra pər ne'voja perso'nale

This is my luggage.
Ky është bagazhi im.
ky 'əʃtə ba'gaʒi im

This is not mine.
Kjo nuk është imja.
kjo nuk 'əʃtə 'imja

That's it.
Ajo është.
Ajo 'əʃtə

Shall I bring it here?
Ta sjell këtu?
ta sjell kə'tu

Open it, please.
Hapeni, ju lutem.
'hapeni ju 'lutem

What do you have in there?
Çfarë kini aty brenda?
'tʃfarə 'kini a'ty 'brenda

You better have a look yourself.
Shikojeni vetë më mirë.
ʃi'kojeni 'vetə mə 'mirə

O. K.; that's all right.
Në rregull.
nə 'rregull

Have I to declare it?
A duhet ta zhdoganoj këtë?
a 'duhet ta ʒdoga'noj kə'tə

Well, it's duty-free.
Kjo është pa doganë.
kjo 'əʃtə pa do'ganə

This is liable to duty.
Për këtë do të paguash doganë.
pər kə'tə do tə pa'guaʃ do'ganə

What's the duty on this?
Sa doganë do të paguaj për këtë?
sa do'ganə do tə pa'guaj pər kə'tə

How much is duty-free?
Sa lejohet pa doganë?
sa le'johet pa do'ganə

Have I to pay duty on this?
A duhet të paguaj doganë për këtë?
a 'duhet të pa'guaj do'ganə pər kə'tə

There's a list of charges over there.
Atje është një listë çmimesh.
a'tje 'əʃtə njə 'listə 'tʃmimeʃ

export-duty
taksë për nxjerrje malli
'taksə pər 'ndzjerrje 'malli

import-duty; liable to duty
taksë për hyrje malli
'taksə pər 'hyrje 'malli

customs duty
taksë doganore
'taksə doga'nore

customs house
doganë
do'gane

customs declaration
deklaratë e doganës
dekla'ratə e do'ganəs

customs examination
kontroll doganor
kon'troll doga'nor

The customs formalities are simple in Albania.
Veprimet doganore janë të thjeshta në Shqipëri.
ve'primet doga'nore 'janə tə 'θjeʃta nə ʃqipə'ri

I have been cleared through customs.
Mbarova punë me doganën.
mba'rova 'punə me do'ganən

Where can I get my luggage now?
Ku ta gjej bagazhin tani?
ku ta djej ba'gaʒin ta'ni

You'll get it on the other side in a minute.
Për një minutë do t'jua sjellin matanë.
pər njə mi'nutə do t'jua 'sjellin ma'tanə

Will you wait in the bar until everyone has gone through?
A mund të prisni te bari derisa të mbarojnë të gjithë?
a mund tə 'prisni te 'bariˇ,deri'sa tə mba'rojnə tə 'djiθə

**Leave it in our care and take it along when you
leave.**

*Lëreni këtu, se kujdesemi ne për të dhe kur të largoheni
e merrni me vete.*

'lәreni kә'tu se kuj'desemi ne pәr tә the kur tә
lar'goheni e 'merrni me 'vete

The bus is waiting for us.

Autobusi është gati.

auto'buzi 'әʃtә 'gati

Your trip through Albania starts from here.

Udhëtimi juaj nëpër Shqupëri fillon që këtu.

uthә'timi juaj nә'pәr ʃqipә'ri fi'llon qә kә'tu

12. MONEY-EXCHANGE –
KË MBIMI I PARAVE

Where is the money-exchange counter?
Ku është banaku i kthimit të parave?
ku 'əʃtə ba'naku i 'kθimit tə pa'rave

I would like to cash a traveller's cheque.
Desha të më thyeni një çek udhëtimi.
'deʃa tə mə 'θyeni njə tʃek uthə'timi

I want to change some dollars, marks, etc.
Dua të thyej disa dollarë, marka etj.
dua tə 'θyej di'sa do'llare, 'marka, e'tjera

Do you also change British pounds?
A mund të thyej edhe disa stërlina angleze?
a 'mund tə 'θyej 'ethe di'sa stər'lina ang'leze

Where can I change this money?
Ku mund t'i thyej këto monedha?
ku mund ti 'θyej kə'to mo'netha

Where is the bank?
Ku ndodhet banka?
ku 'ndothet 'banka

1 lek = 100 qindarka
njə lek 'baraz njə'qind qin'darka

banknote	paper-money
kartëmonedhë	*kartëmonedhë*
kartmo'nethə	kartmo'nethə

coin
monedhë
mo'nethə

Can you change this?
A mund të ma thyeni këtë?
a mund tə ma 'θyeni kə'tə

I have no small change.
Nuk kam të vogla.
nuk kam tə vogla

O.K., bring me a packet of cigarettes, then.
Në rregull, më sill një paketë cigare.
nə 'rregull mə sill njə pa'ketə ci'gare

Thank you.
Faleminderit.
falemin'derit

13. AT THE HOTEL – NË HOTEL

Do you speak English?
A flisni anglisht?
a 'flisni ang'liʃt

Is there anyone who speaks English?
A flet ndonjëri anglisht?
a flet ndo'njəri ang'liʃt

I greet you on behalf of the ... Firm.
Ju përshëndes në emër të firmës ...
ju pərʃən'des nə 'emər tə 'firməs

You're welcome.
Mirë se erdhët.
'mirə se 'erthət

The porter will take your luggage.
Portieri do t'ju marrë valixhet.
por'tjeri do tju 'marrə va'lidʒet

You can take the luggage with you (leave it there).
Bagazhin mund ta merrni me vete (ta lini aty).
ba'gaʒin mund ta 'merrni me 'vete (ta 'lini a'ty)

You will be staying in Hotel ...
Ju do të vendoseni në hotel ...
ju 'do tə ven'doseni nə ho'tel

See you in the hotel lobby, tomorrow morning.
Takohemi nesër në mëngjes në hollin e hotelit.
ta'kohemi 'nesər nə mən'djes nə 'hollin e ho'telit

Come with me.
Ejani me jua.
'ejani me 'mua

Take along the interpreter.
Merreni përkthyesin me vete.
'merreni pərk'θyesin me 'vete

Can you call a taxi for me, please?
A mund të më porositni një taksi, ju lutem?
a mund tə mə poro'sitni njə ta'ksi ju 'lutem

The desk-clerk asks you to register.
Sportelisti kërkon t'ju regjistrojë.
sporte'listi kər'kon tju redjis'trojə

Here's the card you're required to fill in.
Ju duhet të plotësoni këtë formular.
ju 'duhet tə plotə'soni kə'tə formu'lar

Can you put me through to the embassy, please?
A mund të më lidhni me ambasadën, ju lutem?
a mund tə mə 'lithni me amba'sadən, ju 'lutem

**Please, I would like to book two air-travel tickets for
 London August 13.**
*Ju lutem, dëshiroj të prenotoj dy bileta avioni për
 Londër për datën 13 gusht.*
ju 'lutem dəʃi'roj tə preno'toj dy bi'leta a'vjoni pər
 'londər pər 'datən 'trembə'thjetə guʃt

**Can you please book two theatre-tickets for
 tomorrow.**
Më prisni dy bileta teatri për nesër, ju lutem.
mə 'prisni dy bi'leta te'atri pər 'nesər, ju 'lutem

Shall we leave passports behind for registration?
A do t'i lemë pasaportat për të na regjistruar?
a do ti 'lemə pasa'portat pər tə na redji'struar

I've booked a room at your hotel.
Unë kam rezervuar një dhomë tek ju.
unə kam rezer'vuar njə 'thomə tek ju

The ... travel agency has reserved a room for me.
*Agjencia e udhëtimeve ... ka rezervuar për mua një
 dhomë.*
adjen'tsia e uthə'timeve ka rezer'vuar për 'mua njə
 'thomə

Do you need our passports?
A ju duhen pasaportat tona?
a ju 'duhen pasa'portat 'tona

Do you have a single (double) room vacant?
A keni një dhomë teke (dyshe) të pazënë?
a 'keni njə 'thomə 'teke ('dyʃe) tə pa'zənə

I would like ...
Unë dëshiroj
'unə dəʃi'roj

   - an apartment,
   - një apartament,
   një aparta'ment

   - a double room,
   - një dhomë dyshe,
   njə thomə 'dyʃe

   - a double room with twin beds,
   - një dhomë me dy shtretër,
   njə thomə me dy 'ʃtretər

   - with a private bathroom,
   - me banjë,
   me 'banjə

   - with shower,
   - me dush,
   me duʃ

   - with hot and cold water,
   - me ujë të ngrohtë e të ftohtë,
   me 'ujə tə 'ngrohtə e tə 'ftohtə

   - facing the courtyard,
   - me pamje nga lulishtja,
   me 'pamje nga lu'liʃtja

- facing the sea,
- me pamje nga deti,
me 'pamje nga 'deti

- with a balcony,
- me ballkon,
me ball'kon

- on the first floor,
- në katin e dytë,
nə 'katin e 'dytə

- on the ground floor,
- në katin e parë (përdhes),
- nə 'katin e 'parə (pər'thes)

- for ... persons,
- për ... persona,
pər ... per'sona

- a quiet room,
- një dhomë të qetë,
njə 'thomə tə 'qetə

- for one night (two days, one week, four weeks).
- për një natë (dy ditë, një javë, katër javë).
pər njə 'natə (dy 'ditə, njə 'javə, katər 'javə)

Can you show me up to the room?
A mund të më tregoni dhomën?
a mund tə mə tre'goni 'thomən?

I like the room.
Dhoma më pëlqen.
'thoma mə pəl'qen

Can you show me another room?
A mund të më tregoni një dhomë tjetër?
a 'mund tə mə tre'goni njə 'thomə 'tjetər

Can you put in another bed (cot)?
A mund të vendosni edhe një shtrat tjetër (shtrat fëmije)?
a 'mund tə ven'dosni 'ethe njə ʃtrat 'tjetər ('ʃtrat fə'mije)

How much is it per day, week?
Sa kushton dhoma për një ditë, javë?
'sa ku'ʃton 'thoma pər njə 'ditə, 'javə

   - including breakfast
   - me mëngjes
   me mən'djes

All included?
A përfshihen të gjitha?
a pər'fʃihen tə 'djiθa

How much extra for a single room?
Po dhoma teke sa kushton?
po 'thoma 'teke 'sa kuʃ'ton

Is there a reduction for children?
A ka zbritje për fëmijët?
a ka 'zbritje pər fə'mijət

How much must I pay?
Sa duhet të paguaj?
sa 'duhet tə pa'guaj

What is the total bill, please?
Sa bën e tëra, ju lutem?
sa bən e 'təra ju 'lutem

Is my luggage in the room?
Është bagazhi im në dhomë?
'əʃtə ba'gaʒi im nə 'thomə

Shall I leave the luggage here?
A mund ta lë bagazhin këtu?
a mund ta lə ba'gaʒin kə'tu

71

Can you look after these valuables for me?
A mund të mi i ruani këto sende (me vlerë)?
a mund tə m'i 'ruani kə'to 'sende (me 'vlerə)

Is there any garage (parking) here (roundabout)?
A ka ndonjë garazh (shesh parkimi) këtu (këtej)?
a ka ndo'njə ga'raʒ (ʃeʃ par'kimi) kə'tu (kə'tej)

Here's the hotel-bill.
Kjo është fatura e hotelit.
kjo 'əʃtə fa'tura e ho'telit

RECEPTION – SPORTELI

Where's room 102?
Ku është dhoma 102 (njëqind e dy)?
ku 'əʃtə 'thoma njəqinde'dy

Is there anyone to lead me there?
A ka ndonjeri të më çojë aty?
a ka ndonje'ri tə mə' tʃojə a'ty

The key please.
Çelësin, ju lutem.
'tʃeləsin ju 'lutem

305, please.
Numrin treqind e pesë, ju lutem.
'numrin ,treqinde'pesə, ju 'lutem

Has anyone asked for me?
Ka pyetur njeri për mua?
ka 'pyetur njə'ri pər 'mua

Is there any mail for me?
A kam ndonjë letër?
a kam ndo'njə 'letər

Do you have postage stamps, postcards?
A keni pulla poste, kartolina?
a'keni 'pulla 'poste, karto'lina

What's the postage to Austria?
Sa kushton një kartolinë, letër për në Austri?
sa ku'ʃton njə karto'linə, 'letər pər nə Aus'tri

How can I let you know about the excursion to...?
Si mund të njoftoj për ekskursionin për në...?
si mund tə njo'ftoj pər ekskur'sjonin pər nə

Where is the telephone booth?
Ku është telefoni, kabina e telefonit?
ku 'əʃtə tele'foni, ka'bina e tele'fonit

I wanted to make a telephone call to ...
Unë desha të bëj një thirrje telefonike me ...
'unə 'deʃa tə bəj njə 'θirrje telefo'nike me ...

I expect a call from Vienna.
Pres një telefonatë nga Vjena.
pres njə telefo'natə nga'vjena

What's the voltage here?
Sa është tensioni elektrik këtu?
sa 'əʃtə ten'sioni elek'trik kə'tu

I'll be back in ten minutes.
Unë do të kthehem për 10 minuta.
'unə do tə 'kθehem pər 'thjetə mi'nuta

We are going downtown, to the beach.
Ne po shkojmë në qytet, plazh.
ne po 'ʃkojmə nə qy'tet, plaʒ

I will be in the sitting-room, at the bar.
Unë do të jem në sallën e ndenjies, në bar.
'unə do tə jem nə 'salən e 'ndenjies, nə bar

I've lost my key; I've left it in the room.
Kam humbur çelësin; e kam lënë në dhomë.
kam 'humbur 'tʃeləsin, e kam 'lənə nə 'thomə

What are the meal times?
Si janë oraret e ngrënies?
si 'janə o'raret e 'ngrənjes

Where's the restaurant?
Ku është restoranti?
ku 'əʃtə resto'ranti

I'm ill, can I have breakfast in my room?
A mund të ma sillni mëngjesin në dhomë se jam i sëmurë?
a mund tə ma 'sillni mən'djesin nə 'thomə se jam i sə'murə

Will you call me up at 6 tomorrow?
A mund të më zgjoni nesër në orën 6?
a mund tə mə 'zdjoni 'nesər nə 'orən 'djaʃtə

Come in.	**One minute, please.**
Hyni.	*Një minutë, ju lutem.*
'hyni	njə mi'nutə ju 'lutem

Can you wait another 5 minutes?
A mund të prisni edhe 5 minuta?
a mund të 'prisni 'ethe 'pesə mi'nuta

Sign out here, please.
Firmosni këtu, ju lutem.
fir'mosni kë'tu ju 'lutem

Shall we have our rooms done?
A do të na e rregullojnë dhomën?
a do tə na e rregu'llojnə 'thomən?

Yes, you'll have your rooms done and beds made every day.
Po, ju do t'i gjeni çdo ditë dhomat dhe krevatet të rregulluara.
po, 'ju do ti 'djeni tʃdo ditə 'thomat e kre'vatet tə rregu'lluara

Would you please bring me ...
Më sillni ju lutem ...
mə 'sillni ju 'lutem

- **an ash-tray,**
- *një tavëll cigaresh,*
  njə 'tavəll tsi'gareʃ

- **another table-cloth,**
- *një mbulesë tjetër tavoline,*
  njə mbu'lesə 'tjetər tavo'line

- **the breakfast**
- *mëngjesin,*
- mən'djesin

- **another towel,**
- *edhe një peshqir fytyre,*
  'ethe njə peʃ'qir fy'tyre

- **some more hangers,**
- *edhe disa varëse rrobash,*
  'ethe di'sa 'varəse 'rrobaʃ

- **another cake of soap,**
- *edhe një sapun,*
  'ethe njə sa'pun

- **some soap,**
- *një sapun,*
  njə sa'pun

- a woolen blanket,
- një batanie leshi,
një bata'nie 'leʃi

- another sheet.
- një çarçaf tjetër.
një tʃar'tʃaf 'tjetər

How does this work?
Si funksionon kjo?
si funksio'non kjo

Is my room ready?
A është gati dhoma?
a 'əʃtə 'gati 'thoma

Can I have these things laundered?
A mund të m'i lani këto ndërresa?
a mund tə mi 'lani kə'to ndə'rresa

Thank you very much.
Faleminderit shumë.
falemin'derit 'ʃumə

alternating current
rrymë e ndryshueshme
'rrymə e ndry'ʃueʃme

airing, ventilation
ajrim, ventilim
aj'rim, venti'lim

air-conditioning (system)
ajër i kondicionuar
'ajər i konditsio'nuar

announcement	*njoftim; lajmërim*	njof'tim, lajmə'rim
apartment	*apartament*	aparta'ment
arrival	*mbërritja*	'mbərritja
armchair	*kolltuk*	koll'tuk

balcony	*ballkon*	ball'kon
bathroom	*banjoë*	'banjoə
bed	*shtrat, krevat*	'ʃtrat, kre'vat
bedsige-rug	*rrugicë*	rru'gitsə
bedside-table	*komodinë*	komo'dinə
bed-spread	*mbulesë krevati*	mbu'lesə kre'vati
bell (electric~)	*zile (elektrike)*	'zile (elek'trike)
bill; account receipt	*llogari; faturë*	lloga'ri; fa'turə
blanket (woolen~)	*batanie (~ e leshtë)*	bata'nije (~ e'leʃtə)
breakfast	*mëngjes*	mən'djes
bucket	*kovë*	'kovə
carpet	*qilim*	qi'lim
case	*këllëf; kuti; arkë*	kə'lləf; ku'ti; 'arkə
central heating	*ngrohje qendrore*	'ngrohje qən'drore
chair	*karrige*	ka''rrige
chaise longue	*shezlong*	ʃez'long
chief receptionist	*shefi i pritjes*	'ʃefi i 'pritjes
cot	*shtrat fëmijësh*	'ʃtrat fə'mijəʃ
kitchen	*kuzhinë*	ku'ʒinə
cover	*mbulesë*	mbu'lesə
curtains	*perde*	'perde
departure	*nisje; largim*	'nisje; lar'gim
dinner	*darkë*	'darkə
dinning-room	*dhoma e ngrënies*	'thoma e ngrənies
divan, sofa	*divan*	di'van
door-bell	*zile dere*	'zile 'dere
drawer	*sirtar*	sir'tar
dry (v.)	*thaj*	θaj
dwelling house	*banesë*	ba'nesə
electric bulb	*llambë elektrike*	'llambə elek'trike
electric current	*rrymë elektrike*	'rrymə elek'trike
electrical appliances	*mjete, aparate elektrike*	'mjete, apa'rate elek'trike
enter (v.), come in	*hyj*	hyj

entrance	*hyrje*	'hyrje
family	*familje*	fa'milje
fan	*ventilator*	ventila'tor
fire-place	*vatër*	'vatər
fire-proof	*kundër zjarrit*	'kundər zjarrit
fuse	*siguresë*	sigu'resa
grill-room	*rostiçeri*	rostitʃe'ri
coat hanger	*varëse rrobash*	'varəse 'rrobaʃ
hand basin	*lavaman*	lava'man
heating	*ngrohje*	'ngrohje
hotel	*hotel*	ho'tel
hotel-restaurant	*hotel-restorant*	ho'tel-resto'rant
house	*shtëpi*	ʃtə'pi
door, gate of the house	*derë, portë e shtëpisë*	'derə, 'portə e ʃtə'pisə
housing	*strehim*	stre'him
illumination	*ndriçim*	ndri'tʃim
information, report	*informacion njoftim*	informa'tsjon njof'tim
inquiry	*informatë*	infor'matə
iron, press (v.)	*hekuros*	heku'ros
key	*çelës*	'tʃeləs
key to the door	*çelës i derës*	'tʃeləs i 'derəs
kitchen	*kuzhinë*	ku'ʒinə
kitchenette	*aneks kuzhine*	a'neks ku'ʒine
lamp	*llambë*	'llambə
table-lamp	*abazhur tavoline*	aba'ʒur tavo'line
lift, elevator	*ashensor*	aʃen'sor
lighting	*ndriçim*	ndri'tʃim
linen	*ndërresa*	ndə'rresa
linen cupboard	*sirtar ndërresash*	sir'tar ndə'rresaʃ
lunch	*drekë*	'drekə
mattress	*dyshek*	dy'ʃek
mirror	*pasqyrë*	pas'qyrə
payment	*pagesë*	pa'gesə
pillow	*jastëk*	jas'tək
pillow-case	*këllëf jastëku*	kə'lləf jas'təku
plug	*spinë*	'spinə
porter	*portier*	por'tjer

price	çmim	tʃmim
radiator	radiator	radia'tor
reception	pritje	'pritje
reception-desk	sportel	spor'tel
rent	qira	qi'ra
rent (v.)	marr me qira	'marr me qi'ra
restaurant	restorant	resto'rant
room	dhomë	'thomə
house maid	pastruese dhome, kati	pas'truese 'thome, 'kati
beach	plazh	plaʒ
seaside hotel	hotel në breg të detit	ho'tel nə breg tə 'detit
season	sezon (stinë)	se'zon ('stine)
service	shërbim	ʃər'bim
sheet	çarçaf	tʃar'tʃaf

sheets; bed linen
çarçafë; të linjtat e krevatit
tʃar'tʃafə; tə 'linjtat e kre'vatit

sleep	gjumë	'djumə
bedroom	dhomë gjumi	'thomə 'djumi
sleep (v.)	fle	fle
shower	dush	duʃ
sit (v.)	ulem; rri	'ulem; rri
sitting-room	dhomë ndenjieje	'thomə 'ndenjieje
power-outlet	prizë	'prizə
stairs	shkallë	'ʃkallə
story	kat	'kat
stove	stufë	'stufə
sun-umbrella	çadër dielli	'tʃadər 'dielli
swimming-pool	pishinë	pi'ʃinə
switch	çelës elektrik	'tʃeləs elek'trik
table	tavolinë	tavo'linə
table-cloth	mbulesë tavoline	mbu'lesə tavo 'line
tap	rubinetë	rubi'netə
tea	çaj	tʃaj
telephone	telefon	tele'fon

telephone-booth	*kabinë telefoni*	ka'binə
		tele'foni
terrace	*tarracë*	ta'ratsə
toilet-paper	*letër higjenike*	'letər hidje'nike

toilet, W. C.
tualet, V.C.
tua'let, və 'tsë

  - women's toilet
  - *VC për gra*
    və 'tsə pər gra

  - men's toilet
  - *VC për burra*
    və 'tsə pər 'burra

undress (v.); take off (clothes)
zhvishem
'ʒviʃem

vase	*vazo*	'vazo
ventilation	*ventilim, ajrim*	venti'lim, aj'rim
voltage	*voltazh*	vol'taʒ
waiter	*kamerier*	kame'rjer
waitress	*kameriere*	kame'rjere
wall	*mur*	mur
wardrobe	*dollap rrobash*	do'llap 'rrobaʃ
wash (v.)	*laj*	laj
window	*dritare*	dri'tare
window pane	*xham dritareje*	dzam dri'tareje

COMPLAINTS – ANKESA

I wanted to complain about ...
Desha të ankohem për ...
'deʃa tə an'kohem pər ...

I want to make (I have) some complaints.
Kam disa ankesa.
kam di'sa an'kesa

I get no water from my tap.
Rubineti nuk punon, nuk nxjerr ujë.
rubi'neti nuk pu'non, nuk ndzjerr 'ujə

Do you understand me?
A më kuptoni?
a mə kup'toni

Yes, I do.
Po, ju kuptoj.
po, ju kup'toj

I understand nothing.
Nuk kuptoj asgjë.
nuk kup'toj as'djə

What does this mean?
Ç'do të thotë kjo?
tʃdo tə 'θotə kjo

... is lacking, missing.
Mungon ...
mu'ngon

... are lacking, missing
mungojnë ...
mu'ngojnə

... doesn't work.
... nuk punon.
... nuk pu'non

There is no light in my room.
Në dhomën time nuk ka dritë.
nə 'thomən 'time nuk ka 'dritə

The power-outlet doesn't work, is out of order.
Priza nuk punon.
'priza nuk pu'non

The fuses have blown.
Siguresat janë djegnr.
sigu'resat 'janə 'djegur

81

The door-bell (heating) doesn't work.
Zilja (ngrohja) nuk funksionon.
'zilja ('ngrohja) nuk funksjo'non

The switch is out of order.
Çelësi nuk punon.
'tʃeləsi nuk pu'non

The window doesn't shut, open.
Dritarja nuk mbyllet, hapet.
dri'tarja nuk 'mbyllet, 'hapet

There's no hot water.
Nuk vjen uji i ngrohtë.
nuk vjen 'uji i 'ngrohtə

The tap dips.
Rubineti rrjedh.
rubi'neti rrjeth

The toilet won't flush.
Nuk punon shkarkimi i sifonit.
nuk pu'non ʃkar'kimi i si'fonit

The WC is clogged up.
Është zënë qyndji i VC-së.
,əʃtə 'zənə 'qyndji i və 'tsəsə

Would you drive more slowly, please?
A mund ta ngisni makinën më ngadalë, ju lutem?
a mund ta 'ngisni ma'kinən mə nga'dalə, ju 'lutem

Write it down, please.
Shkruajeni këtu, ju lutem.
'ʃkruajeni kə'tu, ju 'lutem

Can you spell it, please?
Zbërthejeni gërmë për gërmë, ju lutem
zbər'θejeni 'gərmə pər 'gərmə, ju 'lutem

Do you have any complaints?
Mos keni ndonjë ankesë?
mos 'keni ndo'njə an'kesə

No, it was very nice, indeed.
Jo, kaluam me të vërtetë shumë mirë.
jo, ka'luam me tə vər'tetə 'ʃumə 'mirə

DEPARTURE – NISJA

I am leaving tomorrow.
Unë nisem nesër.
'une 'nisem 'nesər.

Please make up my account.
Bëni gati faturën, ju lutem.
'bəni 'gati fa'turən, ju 'lutem

Can you give me the itemised account, please?
A mund ta marr faturën, ju lutem?
a mund ta marr fa'turən, ju 'lutem

We have had a very nice time in Albania.
E kemi kaluar shumë mirë në Shqipëri.
e 'kemi ka'luar 'ʃumə 'mirə nə ʃqipə'ri

People are really very hospitable.
Njerëzit janë me të vërtetë shumë mikpritës.
'njerəzit 'janə me tə vər'tetə 'ʃumə mik'pritəs

We have really enjoyed the time here.
Me të vërtetë u kënaqëm këtu.
mə tə vər'tetə u kə'naqəm kə'tu

We have seen very interesting historic places, industrial centres etc.
Kemi parë vende historike shumë interesante, qendra industriale etj.
'kemi 'parə 'vende histo'rike 'ʃumə intere'sante, 'qendra industri'ale, e 'tjera

Your cusine is excellent, too.
Edhe kuzhinën e keni shumë të mirë.
'ethe ku'ʒinən e 'keni 'ʃumə tə' mirə

We are satisfied.
Jemi të kënaqur.
'jemi tə kə'naqur

The service was very good.
Shërbimi ishte shumë i mirë.
ʃər'bimi 'iʃshte 'ʃumə i 'mirə

Thank you for everything.
Ju faleminderit për të gjitha.
u falemin'derit pər tə'djiθa

14. TABLE-WARE AND CUTLERY — KOMPLETI I TAVOLINËS

bread basket
shporta e bukës
'ʃporta e 'bukəs

bottle
shishe
'ʃiʃe

carafe, decanter
kungull
'kungul

cork-screw, bottle-opener
çelës i tapave; heqës i tapave; hapës i shisheve
'tʃeləs i 'tapave; 'heqəs i 'tapave; 'hapəs i 'ʃiʃeve

cutlery
komplet (thikë, pirun, lugë)
kom'plet ('θikə, pi'run, 'lugə)

dish, serving-dish
pjatancë
pja'tantsə

egg-cup
mbajtëse veze
'mbajtəse 'veze

gravy boat	*salcëmbajtëse*	'saltsə'mbajtəse
glass	*gotë*	'gotə
- **raki glass**	*-gotë rakie*	'gotə ra'kie
- **red-wine glass**	*gotë për verë të kuqe*	'gotə pər 'verə tə 'kuqe
- **white wine glass**	*-gotë për verë të bardhë*	'gotə pər 'verə tə 'barthə
knife	*thikë*	'θikə
milk-jug	*poçe qumështi*	'potʃe 'quməʃti
oil and vinegar bottles	*vajuthullmbajtëse*	,vajuθul 'mbajtəse
pepper-pot	*kuti piperi*	ku'ti pi'peri
pot	*poçe*	'potʃe
kettle	*ibrik*	ib'rik
- **coffee pot**	*-ibrik i kafesë*	ib'rik i ka'fesə
- **tea pot**	*-çajnik*	tʃaj'nik
plate	*pjatë*	'pjatə

85

- soup-plate	-pjatë supe	'pjatə 'supe
- dinner-plate	-pjatë gjelle	'pjatə 'djelle
saucer; small plate	pjatë e vogël	'pjatə e 'vogəl
salt-shaker	kripore	kri'pore
saucer	pjatë filxhani	'pjatə fil'dʒani
spoon	lugë	'lugə
- coffee spoon	-lugë kafeje (e vogël)	'lugə ka'feje (e 'vogəl)
sugar-basin (bowl)	kuti sheqeri	ku'ti ʃe'qeri
table	tryezë	try'ezə
- table-cloth	mbulesë tryeze	mbu'lesə try'eze
- table-napkin, serviette	pecetë	pe'tsetə
tea-spoon	lugë çajji	'lugə 'tʃaji
tray	tabaká	taba'ka

Note:
Please: The word «të lutem» - please, is used in various ways. First to accompany a request such as «Two coffees, please». In this case the Albanian will say, «Më jepni dy kafë, ju lutem». It is also used in response to an expression of thanks, in which case the Albanian will say «ju lutem», which on its part corresponds exactly to the English expression «Please, don't mention it», or «S'ka gjë», which is equivalent to «It's no trouble at all».

Would you please, bring me ...
Më sillni ju lutem ...
me si'llni ju 'lutem

Would you please tell me ...
Më thoni ju lutem ...
mə 'θoni ju 'lutem

What do you mean, please?
Si, ju lutem?
'si ju 'lutem

Do not forget it , please.
Mos harro, të lutem.
mos ha'rro tə 'lutem

Of course, not.
Sigurisht që jo.
sigu'rifʃt qə jo

15. AT THE RESTAURANT, CAFE' — NË RESTORANT, KAFENE

REQUESTS, ORDERS – KËRKESA, POROSI

I am hungry.
Jam i uritur.
jam i u'ritur

What would you like?
Çfarë dëshironi?
'tʃfarə dəʃi'roni

The Menu, please.
Menynë, ju lutem.
me'nynə ju 'lutem

Is it for lunch and dinner?
Kjo është për drekë dhe darkë?
'kjo 'əʃtə pər 'drekə the 'darkə

We would like to start with ...
Së pari duam të na sillni ...
sə 'pari 'duam tə na 'sillni

a) Soup - 'Supë

- rice soup	- supë orizi	'supə o'rizi
- potato soup	- supë patatesh	'supə pa'tateʃ
- clear, meat soup	- supë me lëng mishi	'supə me leng 'miʃi
- vegetable soup	- supë barishtesh	'supə ba'riʃteʃ

b) Salad - Sallatë
- **(sliced-) tomato salad**
- *sallatë domatesh*
  sa'llatə do'mateʃ

- **(sliced-) cucumber salad**
- *sallatë kastravecash*
  sa'llatə kastra'vecaʃ

- **bean salad**
- *sallatë me fasule*
  sa'llatə me fa'sule

- **carrot salad**
- *sallatë me karota*
  sa'llatə me ka'rota

- **salad with onions and cauliflowers**
- *sallatë me qepë dhe lulelakër*
  sa'llatə me 'qepə the lule'lakər

- **egg-plant salad**
- *sallatëme patëllxhane*
  sa'llatə me patəll'dʒane

- **olive salad**
- *sallatë me ullinj*
  sa'llatə me u'llinj

- **white turnip salad**
- *sallatë me rrepka të bardha*
  sa'llatə me 'rrepka tə 'bartha

- **radish salad**
- *sallatë me rrepka të kuqe*
  sa'llatə me 'rrepka tə 'kuqe

- **lentils**   - *thjerrëza*   'θjerrəza

c) Dishes – Gjellë
Good appetite!   *Ju bëftë mirë!*   'ju 'bəftə 'mirə

Thanks, the same to you.
Faleminderit, gjithashtu.
falemin'derit djiθa'ʃtu

(I) We would like ...
Ne duam (Unë dua) ...
ne 'duam ('unə 'dua)

Would you please bring us, me...?
A mund të na, më sillni...?
a mund tə na, mə 'sillni

What's this dish called?
Si quhet kjo gjellë?
si 'quhet kjo 'djellə

That's what I would like, too.
Këtë dua edhe unë.
kə'tə 'dua 'ethe 'unə

Yes, I would, thank you.
Po, me gjithë qejf, faleminderit.
po me 'djiθə 'qejf, falemin'derit

Just a little.
Pak fare.
pak 'fare

Enough, thank you.
Mjaft, faleminderit.
mjaft, falemin'derit

No, thank you.
Jo, ju faleminderit.
jo, ju faleminderit

Of course not.
Sigurisht, jo.
sigu'riʃt jo

I've had enough, thanks.
Jam ngopur, nuk mundem më, faleminderit.
jam 'ŋopur nuk 'mundem mə, faleminde'rit

It's very tasty. What's it made of?
Qenka shumë e shijshme. Me çfarë është gatuar?
qenka 'ʃumə e ʃijʃme. 'mə 'tʃfarə 'əʃtə ga'tuar

beans, dried		
beans	*fasule*	fa'sule
beef	*mish viçi*	miʃ 'vitʃi
beefsteak	*biftek*	bif'tek
cabbage	*lakra*	'lakra
chips	*kërce (patate)*	'kərtse (pa'tate)
fried	*patate të fër-*	pa'tate tə
potatoes	*guara*	fər'guara

cutlet; chop	kotoletë; bërxollë	koto'letə; bər'dzollə
duck	rosë (një porcion)	'rosə (njə por'tsjon)
fish	peshk	peʃk
fish fillet	fileto peshku	fi'leto 'peʃku
fricassee	frikase	frika'se
goose	patë (një porcion)	'patə (njə por'tsjon)
gulash	gulash	gu'laʃ
liver	mëlçi	məl'tʃi
maccaroni	makarona	maka'rona
noodles	makarona petë	maka'rona 'petə
mashed potatoes	pure patatesh	pu're pa'tateʃ
meat	mish	miʃ
meatroll (A.E. roulade)	rulé	ru'le
minced meat	mish i grirë	miʃ i 'grirə
mutton	mish dashi, deleje	miʃ 'daʃi, 'deleje
paprika, sweet peppers	speca	'spetsa
peas	bizele	bi'zele
pumpkin-pie	byrek me kungull	by'rek me 'kungul
rice	oriz; pilaf	o'riz; pi'laf
roasted chicken	pulë e pjekur	'pulə e 'pjekur
roast beef	rosto viçi	'rosto 'vitʃi
roast pork	rosto derri	'rosto 'derri
rumpsteak	ramstek	ram'stek
schnitzel	shnicel	'ʃnitsel
shish kebab	shish qebab	ʃiʃ qe'bab
spinach	spinaq	spi'naq
stuffed paprika	speca të mbushur	'spetsa tə 'mbuʃur
turkey	gjel deti (një porcion)	djel 'deti (njə portsion)

excellent   *shkëlqyeshëm!*   ʃkəl'qye ʃəm

Come on, have this glass with us.
Hajde pije këtë gotë me ne.
'hajde 'pije kə'tə 'gotə me ne.

Did you like this dish?
A ju pëlqeu kjo gjellë?
a ju pəl'qeu kjo 'djellə

I would rather have ...
Më mirë më sill ...
mə 'mirə mə sill

This dish is very good.
Kjo gjellë është shumë e mirë.
kjo 'djellə 'əʃtə 'ʃumə e 'mirə

I would like a little more of this.
Dëshiroj edhe pak nga kjo
dəʃi'roj ethe pak nga kjo

Now I'm really enjoying your food.
Tani po e shijoj me të vërtetë kuzhinën tuaj.
ta'ni po e ʃi'joj me tə vər'tetə ku'ʒinën 'tuaj

I would like this for lunch, tomorow, too.
Këtë do të dëshiroja edhe nesër për drekë.
ke'tə do tə dəʃi'roja ethe 'nesər pər 'drekə

Would you please tell me ...
A mund të më tregoni ...
a mund tə mə tre'goni

Thank you.
Faleminderit.
falemin'derit

What else would you like?
Dëshironi gjë tjetër?
dəʃi'roni djə 'tjetər

d) Drinks – Pije

What are we going to drink?
Çfarë do të pimë?
'tʃfarə do tə 'pimə

I've heard of an Albanian drink, raki, I'll have that.
Kam dëgjuar për një pije shqiptare, raki, unë do të marr raki.
kam də'djuar pər njə 'pije ʃqip'tare ra'ki, unə do tə 'marr ra'ki

I don't like strong drinks.
Mua nuk më pëlqejnë pijet e forta.
mua muk mə pəl'qejnə 'pijet e 'forta

I would rather prefer wine.
Unë dëshiroj më mirë verë.
'unə dəʃi'roj mə 'mirə 'verə

A glass, bottle of red, white, wine.
Një gotë, shishe verë të kuqe, të bardhë.
njə 'gota 'ʃiʃe 'verə tə 'kuqe, tə 'barthə

Would you do me a favour?
A mund të më bëni një nder?
a mund tə mə 'bəni njə nder

Would you please give me...?
Më jepni ju lutem...?
mə 'jepni ju 'lutem

No, not that, the other one.
Jo, jo atë, atë tjetrën.
jo, jo a'tə, a'tə 'tjetrən

But you may also have:

appetizer,		
apéritif	*aperitiv*	aperi'tiv
beer	*birrë*	'birrə

brandy		
cognac	konjak	ko'njak
creme de menthe	liker mente	li'ker 'mente
Cherry brandy	liker vishnje	li'ker 'viʃnje
kúmmel	kumel	'kumel
fernet	fërnet	fər'net
gin	xhin	dʒin
liqueur	liker	liker
mineral water	ujë mineral	'ujə mine'ral
punch	ponç	pontʃ
raki	raki	ra'ki
rum	rum	rum
vodka	vodkë	'vodkə
wine (red) and white)	verë (të kuqe dhe të bardhë)	'verə tə 'kuqe the tə 'barthə
Whisky	uiski	u'iski

e) Dessert, Fruits – Fruta, Ëmbëlsira

apple	mollë	'mollə
apple juice	lëng molle	ləng 'molle
apricot	kajsi	kaj'si
biscuits	biskota	bis'kota
cake	kek	kek
candies	karamele, bonbone	kara'mele, bon-'bone
cassata	kasatë	ka'satə
cherries	qershi	qer'ʃi
chocolate	çokollatë	tʃoko'llatə
compote, stewed fruits	komposto	kom'posto
ice-cream	akullore	aku'llore
tutti-frutti	akullore me fruta e arra	aku'llore me 'fruta 'e 'arra
grapes	rrush	rruʃ
grapefruit	grejpfrut	ˌgrejp'frut
lemon	limon	li'mon
lemonade	limonadë	limo'nadə
melon	pjepër	'pjepər
orange	portokall	porto'kall

pastries	*pasta*	'pasta
pear	*dardhë*	'darthə
pine-apple	*ananas*	ana'nas
pine-apple juice	*lëng ananasi*	ləng ana'nasi
sweets	*tortë*	'tortə
walnut	*arra*	'arra
water-melon	*shalqi*	ʃal'qi

f) Breakfast – Mëngjes

bread	*bukë*	'bukə
- brown bread	*- bukë e zezë*	'bukə e 'zezə
- white bread	*- bukë e bardhë*	'bukə e 'barthə
a slice of bread	*një rriskë, fetë bukë*	njə 'rriskə, 'fetə 'bukə
bread and butter	*një fetë (të thekur) me gjalpë*	njə 'fetə (tə 'θekur) me 'djalpə
butter	*gjalpë*	'djalpə
cheese	*djathë*	'djaθə
egg	*vezë*	'vezə

- boiled (hard/soft~) egg
- *vezë e zier (fort/pak)*
  'vezə e 'zier (fort/pak)

- fried egg
- *vezë e fërguar (syzë)*
  'vezə e fər'guar ('syzə)

- omelette	- scrambled egg
- *omlet*	- *vezë e fërguar*
om'let	'vezə e fər'guar

frankfurter	*salsiçe*	sal'tʃitʃe
ham	*proshutë*	pro'ʃutə
honey	*mjaltë*	'mjaltə
cocoa	*kakao*	ka'kao
coffee	*kafe*	'kafə
jam	*reçel*	re'tʃel
marmalade	*marmelatë*	marme'latə
milk	*qumësht*	'quməʃt

salami sausage	*sallam*	'sa'llam
sugar	*sheqer*	ʃe'qer
tea (strong tea)	*çaj (i fortë)*	tʃaj (i'fortə)

Note:

We remind you to point out to the waiter whether you want in your dish or not,

- sauce, gravy	- *salcë*	'saltsə
- tomato sauce	- *salcë domatesh*	'saltsə do'mateʃ
- olive oil	- *vaj ulliri*	vaj u'lliri
- salt	- *kripë*	'kripə
- vinegar	- *uthull*	'uθul

At the same time, you will notice that they are provided on your table each separately.

PREPARATION – PËRGATITJA

fat	*yndyrë*	yn'dyrə
fatty	*me yndyrë*	me yn'dyrə
fresh	*e freskët*	e 'freskət
pan-fried	*e (i) fërguar në tigan*	e (i) fər'guar nə ti'gan
roast	*e (i) pjekur*	e (i) 'pjekur
in an electric grill	*në skarë elektrike*	nə 'skarə elektrike
stuffed	*e (i) mbushur*	e (i) 'mbuʃur
boiled	*e (i) zier*	e (i) 'zier
smoked	*e (i) tymosur*	e (i) ty'mosur
roast	*e (i) pjekur*	e (i) 'pjekur
salted	*me kripë*	me 'kripə
filled, full to the brim	*e mbushur plot*	e 'mbuʃur plot
dried	*e (i) tharë*	e (i) 'θarə
overdone	*e djegur, e bërë shumë*	e 'djegur; e 'bərə 'ʃumə
spicy aromatic	*me erëza*	me 'erza

medium-done	e gatuar karar,	e ga'tuar ka'rar,
	gjysmë e bërë	'djysəm e 'bərə

underdone
gjallë, e pagatuar, e pazier mirë
'djallə 'e 'pagatuar e 'pazier 'mirə

soft, tender	i butë	i 'butə

OBJECTIONS – KUNDËRSHTIME-ANKESA

We are one portion short.
Mungon një porcion.
mu'ngon njə por'tsjon

No, thank you, I did not want this.
Jo, faleminderit, nuk desha këtë.
jo falemin'derit, nuk 'deʃa kə'tə

I wanted ...
Unë desha ...
'unə 'deʃa ...

This is very fatty, better bring me something else.
Kjo ka shumë yndyrë, më mirë më sillni diçka tjetër.
kjo ka 'ʃumə yn'dyrə, mə 'mirə mə 'sillni di'tʃka 'tjetər.

- very hard
- shumë e fortë
'ʃumə e 'fortə

- very hot
- shumë e nxehtë
'ʃumə e 'ndzehtə

- very cold
- shumë e ftohtë
'ʃumə e 'ftohtə

- very sour
- shumë e thartë
'ʃumə e 'θartə

- very salty; There's too much salt in it.
- Është shumë e kripur.
'əʃtə 'ʃumə e 'kripur

The bill, please.
Llogarinë, ju lutem.
lloga'rinə ju 'lutem

I'll stand treat today; it's my turn today.
Sot do t'i paguaj unë të gjitha.
sot do t'i pa'guaj 'unə tə 'djiθa

Separate bills, please.
Llogarinë veç e veç.
lloga'rinə vetʃ e vetʃ

It doesn't seem right, sir.
Më duket se nuk është në rregull, zotni.
mə 'duket se nuk 'əʃtə nə 'rregull zo'tni

We had also ...
Ne kishim edhe ...
ne 'kiʃim 'ethe ...

Thank you very much.
Ju faleminderit shumë.
ju falemin'derit 'ʃume

Good bye till next time.
Mirupafshim, mirë se të vini.
miru'pafʃim, 'mirəse tə 'vini

16. NUMBERS – THE BILL – NUMRAT, LLOGARIA

a. Cardinal numbers – Numërorë themelorë

How much?	*Sa?*	sa
count (v)	*numëroj*	numəroj
0 (nought), zero	*zero*	'zero
1 one	*1 një*	njə
2 two	*2 dy*	dy
3 three	*3 tre*	tre
4 four	*4 katër*	'katər
5 five	*5 pesë*	'pesə
6 six	*6 gjashtë*	'djaʃtə
7 seven	*7 shtatë*	'ʃtatə
8 eight	*8 tetë*	'tetə
9 nine	*9 nëntë*	'nəntə
10 ten	*10 dhjetë*	'thjetə
11 eleven	*11 njëmbëdhjetë*	'njəmbəthjetə
12 twelve	*12 dymbëdhjetë*	'dymbəthjetə
13 thirteen	*13 trembëdhjetë*	'trembəthjetə
14 fourteen	*14 katërmbëdhjetë*	'katərmbəthjetə
15 fifteen	*15 pesëmbëdhjetë*	'pesəmbəthjetə
16 sixteen	*16 gjashtëmbëdhjetë*	djaʃtəmbəthjetə
17 seventeen	*17 shtaëmbëdhjetë*	'ʃtatəmbəthjetə
18 eighteen	*18 tetëmbëdhjetë*	'tetəmbethjetə
19 nineteen	*19 nëntëmbë-dhjetë*	'nəntəmbə-thjetə
20 twenty	*20 njëzet*	njə'zet
21 twentyone	*21 njëzet e një*	,njəzete' njə
22 twenty-two	*22 njëzet e dy*	njəzete' dy
23 twenty-three	*23 njëzet e tre*	,njəzete' tre
30 thirty	*30 tridhjetë*	'trithjetə
40 forty	*40 dyzet*	dy'zet
50 fifty	*50 pesëdhjetë*	'pesəthjetə
60 sixty	*60 gjashtëdhjetë*	'djaʃtəthjetə
70 seventy	*70 shtatëdhjetë*	'ʃtatəthjetə
80 eighty	*80 tetëdhjetë*	'tetəthjetə
90 ninety	*90 nëntëdhjetë*	'nəntəthjetə

100 one hundred	100 njëqind	njə'qind
101 one hundred and one	101 njëqind e një	njəqinde' njə
200 two hundred	200 dyqind	dy'qind
300 three hundred	300 treqind	tre'qind
400 four hundred	400 katërqind	,katər'qind
500 five hundred	500 pesëqind	,pesə'qind
600 six hundred	600 gjashtëqind	'djaʃtə'qind
700 seven hundred	700 shtatëqind	ʃtatə'qind
800 eight hundred	800 tetëqind	,tetə'qind
900 nine hundred	900 nëntëqind	,nəntə'qind
1000 one thousand	1000 njëmijë	'njəmijə
1001 one thousand and one	1001 njëmijë e një	,njəmijəe'njə
2000 two thousand	2000 dy mijë	'dymijə
10,000 ten thousand	10,000 dhjetë mijë	'thjetəmijə
100,000 one hundred thousand	100,00 njëqind-mijë	'njəqindmijə

FRACTIONS – THYESA

½ a half	gjysmë	'djysmə
¼ a quarter	një çerek, një e katërt	'njə tʃe'rek, njə e 'katərt
⅕ one fifth	një e peste	njə e 'pestə
⅔ two thirds	dy të treta	dy tə 'treta

¾ three quarters	treçerek, tre të katërta	'trε tʃə'rek, tre tə katərta
⅘ four fifths	katër të pesta	'katər tə 'pesta
⅒ one tenth	një e dhjetë	njə e 'thjetə
1/100 one hundredth	një e qindtë	njə e 'qindtə
1/1000 one thousandth	një e mijtë	njə e 'mijtə
denominator	emërues	emə'rues
numerator	numërues	numə'rues
the sum	shuma	'ʃuma
sum total	shuma e përgjith-shme	'ʃuma 'e pər'djiθʃme
1%/ one percent	1%/një për qind	njəpər'qind
4%/ four percent	4%/katër për qind	'katər pər'qind
10%/ten percent	10%/dhjetë për qind	'thjetə pər'qind

b. Ordinal Numbers – Numërorë rreshtorë

which	e sata (i sati)	e 'sata (i 'sati)
first	e para (i pari)	e 'para (i 'pari)
second	e dyta (i dyti)	e 'dyta (i 'dyti)
third	e treta (i treti)	e 'treta (i 'treti)
fourth	e katërta (i katërti)	e 'katərta (i' katərti)
fifth	e pesta (i pesti)	e 'pesta (i 'pesti)
sixth	e gjashta (i gjashti)	e 'djaʃta (i 'djaʃti)
seventh	e shtata (i shtati)	e 'ʃtata (i 'ʃtati)
eighth	e teta (i teti)	e 'teta (i 'teti)
ninth	e nënta (i nënti)	e 'nənta (i 'nənti)
tenth	e dhjeta (i dhjeti)	e 'thjeta (i 'thjeti)
eleventh	e njëmbëdhjeta (i njëmbëdhjeti)	e njəmbə'thjeta (i njəmbəthjeti)
twelfth	e dymbëdhjeta (i dymbëdhjeti)	e dymbə'thjeta (i dymbə'thjeti)

101

17. COLOURS – QUALITIES – NGJYRA, VETI, CILËSI

ash-grey	*gri-hiri*	gri 'hiri
beige	*bezhë*	'beʒə
black	*e zezë (i zi)*	e 'zezə (i zi)
blonde (fair)	*biond (e)*	'bjond (e)
blue	*blu*	blu
chestnut	*gështenjë*	gə' ʃtenjə
multi-coloured	*shumëngjyrësh*	ʃumən' djyrəʃ
colour	*ngjyrë*	'ndjyrə
colourful	*plot ngjyra*	plot 'ndjyra
crimson (purple)	*e kuqe e errët (e purpurt)*	e 'kuqe e 'errət (e' purpurt)
dark-blue	*blu e errët*	blu e 'errət
dark-grey	*gri e errët*	gri e 'errət
dark-green	*jeshile e errët*	je'ʃile e 'errət
green	*e (i) gjelbërt, jeshile*	e (i) 'djelbərt, je'ʃile
grey	*gri*	'gri
golden	*e verdhë floriri, ngjyrë floriri*	e 'verthə flo'riri, ndjyrə flo'riri
light green	*jeshile e hapur*	je'ʃile e 'hapur
lilac	*lejla*	lej'la
orange	*ngjyrë portokalli*	'ndjyrə porto'kalli
red	*e kuqe (i kuq)*	e 'kuqe (i kuq)
rose; pink	*rozë*	'rozə
silver	*ngjyrë argjendi*	'ngjyrə ar'djendi
sky-blue	*bojë qielli*	'bojə 'qielli
violet	*vjollcë*	'vjolltsə
white	*e (i) bardhë*	e (i) 'barthə
yellow	*e (i) verdhë*	e (i) 'verthə

QUALITIES – CILËSI

bad, sinister	*i keq, e keqe, i mbrapshtë*	i keq, e 'keqe, i 'mbrapʃtə

102

dark, pale	*e (i) errët, e (i) zbetë*	e (i) 'errət, e (i) 'zbetə
beautiful	*e (i) bukur*	e (i) 'bukur
broad, wide vast	*e (i) gjerë*	e (i) 'djerə
bright, light, clear, open	*e (i) çelur, e (i) hapët*	e (i) 'tʃelur, e (i) 'hapət
dear[1]	*e (i) dashur*	e (i) 'daʃur
dear[2]	*e (i) shtrenjtë*	e (i) 'ʃtrenjtə
good	*e (i) mirë*	e (i) 'mirə
free, cheap	*e (i) lirë*	e (i) 'lirə
interesting	*interesant*	intere'sant
long	*e (i) gjatë*	e (i) 'djatə
narrow	*e (i) ngushtë*	e (i) 'nguʃtə
new	*e re (i ri)*	e re (i ri)
old	*e (i) vjetër*	e (i) 'vjetər
quick, fast	*e (i) shpejtë*	e (i) 'ʃpejtə
short	*e (i) shkurtër*	e (i) 'ʃkurtər
strong, hard	*e (i) fortë*	e (i) 'fortə
ugly	*e (i) shëmtuar*	e (i) ʃəm'tuar
weak	*e (i) dobët*	e (i) 'dobət

18. INSCRIPTIONS, DOOR-PLATES— MBISHKRIME, TABELA

Attention!	*Vini re!*	'vini 're
Bakery	*Bukë (dyqani i bukës)*	'bukə (dy'qani i 'bukəs)
Book-shop	*Librari*	libra'ri
Box-office	*Arka e (sporteli i) teatrit*	'arka e (spor'teli i) te'atrit
bus-stop	*stacion autobusi*	sta'tsjon auto'buzi
Butcher's shop	*Mish (dyqan i mishit)*	miʃ (dy'qan i 'miʃit)
Candy-store, confectioner's shop	*Ëmbëltore*	əmbəl'tore
China-shop	*Artikuj qelqi e porcelani*	ar'tikuj 'qelqi e portse'lani
Cosmetics shop	*Parfumeri*	parfume'ri
Pharmacy (Chemist's)	*Farmaci*	farma'tsi
Emergency-exit	*Dalje në rast rreziku*	'dalje nə rast rre'ziku
Entrance	*Hyrje*	'hyrje
No entry	*Ndalohet hyrja*	nda'lohet 'hyrja
Exit	*Dalje*	'dalje
Fire-alarm	*(alarm) Zjarrfiksat*	(a'larm) zjarr'fiksat
First aid	*Ndihma e shpejtë*	'ndihma e 'ʃpejtə
first floor	*kat i dytë*	kat i 'dytə
Flowers	*Lule*	'lule
Fruit and vegetables	*Fruta-Zarzavate*	'fruta zarza'vate
Furniture	*Mobilje*	mo'bilje
Furs	*Peliçe (ri)*	pe'litʃe ('ri)
Grocery shop	*Ushqimore*	uʃqi'more
ground-floor	*kat i parë*	kat i 'parə

Halt; Stop!	*Ndal!*	ndal
Hotel	*Hotel*	ho'tel
Information desk, bureau	*Zyra*	'zyra
lift	*ashensori*	aʃen'sori
Look-out!	*Kujdes!*	kuj'des
Meat and Fish (Butcher's)	*Mish-Peshk*	miʃ-peʃk
No smoking!	*Ndalohet duhani!*	nda'lohet du'hani
The program (theatre)	*Programi i shfaqjeve*	pro'grami i 'ʃaqjeve
Vaccination service	*Qendër sanitare*	'qəndər sani'tare
second-floor	*kat i tretë*	kat i 'tretə
Shoes (Footwear shop)	*Këpucë*	kə'pucə
Sports goods shop	*Artikuj sportivë*	ar'tikuj spor'tivə
Textiles shop	*Artikuj tekstili*	ar'tikuj teks'tili
waiting-room	*Sallë, dhomë pritje*	'sallə, 'thomə 'pritje
Wet-paint	*Ruhuni nga boja*	'ruhuni nga 'boja
Pedestrian crossing	*Vendkalim këmbësorësh*	vendka'lim kəmbə'sorəʃ

19. WEIGHTS AND MEASURES – PESHA DHE MASA

LINEAR MEASURE

1 millimetre (mm)   *një milimetër*   njə mili'metər

10 millimetres (= 1 centimetre)
10 milimetra (= 1 centimetër)
'thjetə mili'metra (njə tsenti'metər)

1 inch
1 inç
njə intʃ

1 foot
1 këmbë
njə 'kəmbə

1 decimetre
1 decimetër
njə detsi'metər

1 metre   *1 metër*   njə 'metər
1 kilometre   *1 kilometër*   njə kilo'metər

1 mile (= 1,6093 kilometres, km)
1 milje
njə 'milje

SURFACE

1 square metre (m²)
1 metër katror
njə 'metər ka'tror

1 are (100 sq. m.)
1 ar (a)
njə ar

1 hectare (= 100 ares)
1 hektar
njə he'ktar

1 square kilometre (km²) (= 100 hec.)
1 kilometër katror
njə kilo'metər ka'tror

WEIGHT

1 gram (g)	*1 gram*	njə gram
1 kilogram (kg)	*1 kilogram*	njə kilo'gram
1 quintal (= 100 kg)	*1 kuintal*	njə kuin'tal
1 ton (1000 kg)	*1 ton*	njə ton

CAPACITY

1 litre (1)	*1 litër*	njə 'litər
1 decalitre (10 litres)	*1 dekalitër*	njə ,deka'litər

1 hectolitre (100 litres)
1 hektolitër
njə ,hekto'litər

CUBIC MEASURE
GB & US

1 cu centimetre	*1 centimetër kub*	njə tsenti'metər kub
1 cu inch	*1 inç kub*	njə intʃ kub
1 cu metre (m³)	*1 metër kub*	njə 'metər kub

CIRCULAR OR ANGULAR MEASURE

60 seconds (") = 1 minute (')
60 sekonda = (baraz) 1 minutë
'djaʃtəthjetə se'konda 'baraz njə mi'nutə

60 minutes = 1 degree (°)
60 minuta = 1 gradë
'djaʃtəthjetə mi'nuta 'baraz njə 'gradə

90 degrees = 1 quadrant or right angle (L)
90 gradë = 1 çerek rrethi ose 1 kënd të drejtë
'nəntəthjetə 'gradə 'baraz njə tʃe'rek 'rreθi ose njə kənd
tə 'drejtə

360 degrees = 1 circle or circumference
1 rreth ose perimetër rrethi
njə rreθ ose peri'metər 'rreθi

the radius of a circle = ½ the diametre
rrezja e rrethit = ½ e diametrit
'rrezja e 'rreθit 'baraz njə e 'dyta, djysma e dia'metrit

*In practice, the Albanian measures weights in grams
and kilograms. So, he buys, for example, 100 g. of
coffee, or half a kilo of sausage (500 g. of sausage),
or a kilogram of sugar = 2.2 pounds of sugar).*

20. GETTING ABOUT TOWN – SHËTITJE NË QYTET

Where is...?
Ku është...?
ku 'əʃtə...

Where is the bank?
Ku është banka?
ku 'əʃtə 'banka

Where is the bus-stop?
Ku është stacioni i autobusit?
ku 'əʃtə sta'tsjoni i auto'buzit

Where is the airport?
Ku është aeroporti?
ku 'əʃtə aero'porti

Which way leads to the harbor?
Cila rrugë të çon në port?
'tsila 'rrugə tə tʃon nə port

Where is ... Hotel?
Ku është hotel...?
ku 'əʃtə ho'tel...

Where is the Museum (Art Gallery)?
Ku është muzeumi (Galeria e arteve)?
ku 'əʃtə muze'umi (galeria e 'arteve)

Where is the ... Square?
Ku është sheshi...?
ku 'əʃtə 'ʃeʃi...

Where is the post office?
Ku është posta?
ku 'əʃtə 'posta

Where is ... Street?
Ku është rruga...?
ku 'əʃtə 'rruga ...

Is it far from here?
A është larg prej këtu?
a 'əʃtə larg prej kə'tu

How long does it take to walk there?
Sa mban prej këtu?
sa mban prej kə'tu

Which direction is...?
Në cilin drejtim është..?
nə 'tsilin drej'tim əʃtə ...

Where is the shopping-centre?
Ku janë dyqanet qendrore?
ku 'janə dy'qanet qən'drore

Is there any cinema roundabout here?
A ka ndonjë kinema këtej rrotull?
a ka 'ndonjə kine'ma kə'tej 'rrotull

There it is.
Ja tek është, atje.
ja tek 'əʃtə, a'tje

Straight ahead?
Këtej drejt.
kə'tej drejt

On the right.
Në të djathtë.
nə tə 'djaθtə

Turn to the left of that street.
Ktheu në të majtë të asaj rruge.
'kθeu nə tə 'majtə tə a'saj 'rruge

Where is the taxi rank, please?
Ku është vend-qëndrimi i taksive, ju lutem?
ku 'əʃtə vend-qən'drimi i tak'sive, ju 'lutem

I've lost something, where's the police station?
Më ka humbur diçka, ku është policia, ju lutem?
mə ka 'humbur di'tʃka, ku 'əʃtə poli'tsia, ju 'lutem

Constable, can you help me?
zoti polic, a mund të më ndihmoni pak, ju lutem?
'zoti po'lits, a mund tə mə ndih'moni pak ju 'lutem

Does this bus take me to...?
A të çon ky autobus në...?
a tə tʃon ky auto'buz nə ...

Is there a bus stop here?
A ka stacion autobusi këtu?
a ka sta'tsjon auto'buzi kətu

Conductor, where shall I get off?
Ku duhet të zbres, fatorino?
ku 'duhet tə zbres, fato'rino

Is there any bus service running from ... to...?
A ka autobus prej ... në...?
a ka auto'buz prej ... nə...

I'm trying to find my way to ... Can you direct me?
Po mundohem të gjej rrugën për në ... A mund të më drejtoni?
po mun'dohem tə djej 'rrugən pər nə ... a mund tə mə drej'toni

This is my first time in Tirana.
Është hera e parë që vij në Tiranë.
'əʃtə 'hera e'parə qə vij nə ti'ranə

I want to go to ... Am I on the right bus?
Unë dua të shkoj në ... A shkon ky autobus atje?
u'nə 'dua tə ʃshkoj nə ... a ʃkon ky auto'buz a'tje

Should I get off one stop after you do?
Mos duhet të zbres një stacion mbas teje?
mos 'duhet tə zbres njə sta'tsjon mbas 'teje

Oh, here there is no traffic jam at all.
Oh, këtu nuk u bllokoka rruga (nga makinat).
o, kə'tu nuk u bllo'koka 'rruga (nga ma'kinat)

That's fine, the traffic is very orderly.
Shkëlqyeshëm, trafiku është shumë i rregullt.
ʃkəl'qyeʃəm, tra'fiku 'əʃtə 'ʃumə i 'rregullt

Generally speaking, urban traffic is light.
Përgjithësisht trafiku në qytet nuk është i ngarkuar.
pərdjiθ'siʃt, tra'fiku nə qy'tet nuk 'əʃtə i ngar'kuar

Let us go on an excursion. Shall we go outing?
Shkojmë në ekskursion?
'ʃkojmə nə ekskur'sjon

Let's have a drive round (a town, etc.)
Bëjmë një shëtitje me makinë nëpër qytet?
'bəjmə njə ʃə'titje me ma'kinə 'nəpər qy'tet

Let us go boating.
Hajde marrim një varkë.
'hajde 'marrim njə 'varkə

Do you have churches or mosques?
A ka kisha e xhami këtu?
a ka 'kiʃa e dza'mi kə'tu

All churches and mosques were closed by the communist regime in 1967.
Regjimi komunist i mbylli kishat e xhamitë më 1967.
re'djimi komu'nist i 'mbylli 'kiʃat e 'dʒa'mitə mə 'njəmijəenəntə qindedja ʃtəthjete' ʃtatə

agency (travel~)
agjenci (udhëtimesh)
adjen'si (uthət'imeʃ)

apartment number
numri i apartamentit
'numri i aparta'mentit

bar	*bar-bufe*	bar-bu'fe
blind alley	*rrugë pa krye;*	'rrugə pa 'krye
	qorrsokak	'qorr'sokak

bridge	urë	'urə
building	godinë, ndërtesë	go'dinə, ndər'tesə
bus	autobus	auto'buz
bus-stop	stacion autobusi	sta'tsjon auto'buzi
by-street, lane	rrugicë	rru'gitsə
capital city	kryeqytet	,kryeqy'tet
cave	guvë	'guvə
cemetery	varreza	va'rreza
centre of town	qendra e qytetit	'qəndra e qy'tetit
city-quarter	lagje e qytetit	'ladje e qy'tetit
corner	qoshe	'qoʃe
embassy	ambasadë	amba'sadə
executive committee	komitet ekzekutiv	komi'tet ekzeku'tiv
factory	fabrikë	fa'brikə
fountain	shatërvan	ʃatər'van
funicular	teleferik	telefe'rik
garden	kopesht	'kopʃt
guide	shoqërues; udhërrëfyes	ʃoqə'rues; uthərrə'fyes
hospital	spital	spi'tal
house	shtëpi	ʃtə'pi
lake	liqen	li'qen
landscape	peizazh; pamje	pej'saʒ; 'pamje
library	bibliotekë	biblio'tekə

Lost property office
Zyra e sendeve të gjetura (të humbura)
'zyra e 'sendeve   tə 'djetura (tə 'humbura)

market place	**Martyrs' Cemetery**
pazari, merkato	*Varrezat e Dëshmorëve*
pa'zari, mer'kato	va'rrezat e dəʃ'morəve

memorial, monument
monument
monu'ment

English	Albanian	Pronunciation
ministry	*ministri*	mini'stri
mosque	*xhami*	dʒa'mi
mountain	*mal*	mal
museum	*muzeum*	muze'um
National Park	*Park Kombëtar*	park kombə'tar
old town	*qytet i vjejër*	qy'tət i 'vjetər
Opera House	*Opera*	'opera
passage	*kalim*	ka'lim
pavement; side-walk	*trotuar*	trotu'ar
police;~	*policia;*	poli'tsia;
headquarters	*rajon i policisë*	ra'jon i poli'tsisə
policeman	*polic*	po'lits
region	*krahinë, zonë*	kra'hinə, 'zonə
river	*lumë*	'lumə
school	*shkollë*	'ʃkollə
skyscraper	*grataçielë*	grata'tʃjelə
shopping centre	*qendra e dyqaneve*	'qendra e dy'qaneve
square	*shesh*	ʃeʃ
stadium	*stadium*	sta'djum
station	*stacion (i trenit)*	sta'tsjon (i 'trenit)
street	*rrugë*	'rruge
taxi (~rank)	*taksi (vend-qëndrim i taksive*	ta'ksi (vend qən'drim i ta'ksive
temple	*tempull*	'tempull

Theater (-Hall); People's Theater
Teatër; Teatri Popullor
te'atər; te'atri popu'llor

English	Albanian	Pronunciation
valley	*luginë*	lu'ginə
village	*fshat*	fʃat
wall	*mur*	mur
well, spring	*burim*	bu'rim

zebra crossing; pedestrians
vizat e bardha; viza kalimi për këmbësorë
'vizat e 'bartha; 'viza ka'limi pər kəmbə'sorə

21. SHOPPING – NË PAZAR

Can you give me, please ...
Më jepni ju lutem ...
mə 'jepni ju 'lutem

- a box, tin of ...
- një kuti ...
njə ku'ti

- one bottle of ...
- një shishe ...
njə 'ʃiʃe

- one jar of ...
- një kavanoz ...
njə kava'noz

- 100 grams of ...
- njëqind gram ...
njə'qind gram

- one kilogram of ...
- një kilogram ...
njə kilo'gram

- half a kilogram of ...
- një gjysmë kile ...
njə 'djysmə 'kile

- a litre of ...
- një litër ...
njə li'tər

- one metre ...
- një metër ...
njə 'metər

| **- a pair of ...** | *një palë ...* | njə 'palə |
| **- a packet of ...** | *një pako, paketë ...* | njə 'pako, pa'ketə |

| **- a piece of ...** | *një copë ...* | njə 'copə |
| **- a tube of ...** | *një tubet ...* | njə tu'bet |

What can I do for you? (What do you want?)
Çfarë dëshironi?
tʃfarə dəʃi'roni

I would like to buy ...
Unë dëshiroj të blej ...
'unə dəʃi'roj tə blej

Can you show me what you have, please?
A mund të më tregoni pak modelet?
a mund tə mə tre'goni pak mo'delet

Do you have some other colour?
Mos keni ngjyrë tjetër?
mos 'keni 'ndjyrə 'tjetər

I would like something cheaper, better.
Dëshiroj diçka më të lirë, më të mirë.
dəʃi'roj ditʃ'ka mə tə 'lirə, mə tə 'mirə

That's very big, small.
Kjo është shumë e madhe, e vogël.
kjo 'əʃtə 'ʃumə e 'mathe, e 'vogəl

It's heavy, light, dark.
Është e rëndë, e lehtë, e hapur, e errët.
əʃtə e 'rəndə, e 'lehtə, e 'hapur, e 'e'rrət

How do you prefer it, square, round, oval or quadrilateral?
Si e preferoni, katrore, të rrumbullakët, ovale apo katërkëndëshe?
si e prefə'roni, ka'trore, tə rrumbu'llakət, o'vale apo 'katər'kəndəʃe

I'd like a summer frock.
Dua një fustan veror.
dua njə fus'tan ve'ror

I'd like to try it on.
Dëshiroj ta pro'voj.
dəʃi'roj ta provoj

Can I change in the fitting-room?
A mund ta vesh në dhomën e provës?
a mund ta veʃ nə 'thomən e 'provəs

How much is that?
Sa kushton?
sa kuʃ'ton

Where shall I pay?
Ku mund të paguaj?
ku mund tə pa'guaj

We'd like to see some shirts, size 39.
Dëshirojmë të shohim ca këmisha numër 39.
dəʃi'rojmə tə 'ʃohim tsa kə'miʃa 'numər, trithjete'
'nəntə

Should I pre-shrink it?
A duhet ta fus më përpara në ujë?
a'duhet ta fus mə pər'para nə 'ujə

I'm looking for a single-breasted suit.
Dua të blej një kostum monopet.
'dua tə blej njə kos'tum mono'pet

It's a bit broad in the shoulders and long in the sleeves.
Është pak i gjerë në shpatulla dhe i ka mëngët e gjata.
'əʃtə pak i 'djerə nə 'ʃpatulla the i ka 'məngət e 'djata

It only needs some minor alterations.
Ka nevojë vetëm për disa rregullime të vogla.
ka ne'vojə 'vetəm pər di'sa rregu'llime tə 'vogla

Can I have a suit made to order?
A mund të qep një kostum?
a mund tə qep njə kos'tum

We don't sell ...
Ne nuk mbajmë ...
ne nuk 'mbajmə

Do you sell watches...?
A mbani orë dore...?
a 'mbani 'orə 'dore

Have you any cigarettes?
A keni cigare?
a 'keni tsi'gare

No, that isn't quite what I want.
Nuk desha tamam këtë.
nuk 'deʃa ta'mam kə'tə

Can you show me something different?
A mund të më tregoni ndonjë tjetër?
a mund tə mə tre'goni 'ndonjə 'tjetər

Like the one you found me just now, but a little smaller.
Tamam si ai, por pak më të vogël.
ta'mam si ai, por pak mə tə 'vogəl

I'll take this.
Po marr këtë.
po marr kə'tə

How much is that altogether?
Sa kushtojnë të tëra?
sa kuʃ'tojnə tə 'təra

BOOKSHOP - STATIONERY – LIBRARI-ARTIKUJ SHKOLLORË

Could you recommend me any books to learn Albanian?
A mund të më rekomandoni ndonjë ligër për të mësuar shqip?
a mund tə mə rekoman'doni ndo'njə 'libər pər tə mə'suar ʃqip

I would like some Albanian books.
Dëshiroj të blej libra të autorëve shqiptarë.
dəʃi'roj tə blej 'libra tə au'torəve ʃqip'tarə

Do you have books in English, German and French?
A keni libra në gjuhën angleze, gjermane dhe franceze?
a 'keni 'libra nə 'djuhen ang'leze, djer'mane the fran'tseze

Have you any English-Albanian dictionary?
A keni fjalor anglisht-shqip?
a 'keni fja'lor ang'liʃt-ʃqip

What about magazines?
Po revista?
po re'vista

I would like technical literature.
Dëshiroj literaturë teknike.
dəʃi'roj litera'turə tek'nike

Have you any books about tourism in Albania?
A keni ndonjë libër mbi turizmin në Shqipëri?
a 'keni ndo'njə 'libər mbi tu'rizmin nə ʃqipə'ri

Have you...?
A keni...?
a 'keni

atlas	*atllas*	at'llas
ball-point pen	*stilolaps*	stilo'laps
book	*libër*	'libər
booklet;		
brochure	*broshurë*	bro'ʃurə

box of paints (oil, water colour)
kuti bojrash (vaji, uji)
ku'ti 'bojraʃ ('vaji, 'uji)

carbon paper	*letër kopjativ*	'letər kopja'tiv
charcoal		
pencil	*laps karboni*	laps kar'boni
clips	*kapëse*	'kapse
copy-book;		
exercise		
book	*fletore*	fle'tore
drawing-		
pins	*pineska*	pi'neska

envelope	*zarf*	zarf
fable;		
fairy –tale	*përrallë*	pə'rrallə
fountain-pen	*stilograf*	stilo'graf
glue; gum	*zamk*	zamk
blotting		
paper	*letër-thithëse*	ˌletər'θiθəse
ink	*bojë shkrimi*	'bojə 'ʃkrimi
ink-bottle/pot	*shishe boje*	'ʃiʃe 'boje
map, chart	*hartë*	'hartə
newspaper	*gazetë*	ga'zetə
novel	*roman*	ro'man
novelette	*novelë*	no'velə
notebook	*bllok shënimesh*	bllok ʃə'nimeʃ
oil-paints	*bojëra vaji*	'bojra 'vaji
pencil	*laps*	laps
postcard	*kartolinë*	karto'linə
postage-		
stamps	*pulla poste*	'pulla 'poste
publication	*botim*	bo'tim
refill (ball-		
point pen)	*rezervë*	re'zervə
(India) rubber,		
eraser	*gomë; fshirëse*	'gomə; f'ʃirəse
ruler	*vizore*	vi'zore
short-story	*tregim*	tre'gim
sketch-book	*bllok vizatimi*	bllok viza'timi
type-writer	*makinë shkrimi*	ma'kinə 'ʃkrimi
writing-ink	*bojë shkrimi*	'bojə 'ʃkrimi

HOUSEHOLD GOODS - CROCKERY-GLASSWEAR –
ORENDI SHTËPIE – ENË KUZHINE

air-matress	*dyshek me ajër*	dy'ʃek me 'ajər
bowl	*kupë, tas*	'kupə, tas
coffee-set	*komplet për kafe*	kom'plet pər ka'fe
cup	*kupë, filxhan*	'kupə, fil'dʒan
cooking-pot	*tenxhere*	ten'dʒere

120

corkscrew	nxjerrëse tapash	'ndzjerrəse 'tapaʃ
cutlery	komplet	kom'plet
	tavoline	tavo'line
	(thikë, pirun,	('θikə, pi'run,
	lugë)	'lugə)
chair (folding chair)	karrige (~ portative)	ka'rrige (~ porta'tive)
deck (garden-chair)	shezlong	ʃez'long
dinner-plate	pjatë	'pjatə
dish	pjatë	'pjatə
fork	pirun	pi'run
fruit-knife	thikë për fruta	'θikə pər 'fruta
frying-pan	tigan	ti'gan
jug (water jug)	kanë	'kanə
kerosene-stove	sobë me vajguri	'sobə me vaj'guri
kettle	ibrik	i'brik
matches	shkrepëse	'ʃkrepəse
mosquito-net	rrjetë mizash	'rrjetə 'mizaʃ
pitcher	shtamë	'ʃtamə
pocket-knife	biçak	bi'tʃak
pocket lamp	elektrik dore	elek'trik 'dore
pressure-cooker	tenxhere me presion	ten'dʒere me pre'sjon
saucepan	kusi (e madhe)	ku'si (e 'mathe)
saucer	pjatë filxhani	'pjatə fil'dʒani
soup-plate	pjatë supe	'pjatə 'supe
spoon	lugë	'lugə
stainless steel	çelik i paoksidueshëm	'tʃelik i 'paoksi-'dueʃəm
sugar-basin	kuti sheqeri	ku'ti ʃe'qeri
table (folding table)	tavolinë	tavo'linə
	(tryezë portative)	(try'ezə porta'tive)
table service	komplet	kom'plet
	tavoline	tavo'line
tea set	komplet çaji	kom'plet tʃaji

tea, dessert-spoon	*lugë kafeje (e vogël)*	'lugə ka'feje (e 'vogəl)
tea kettle	*ibrik çaji*	i'brik 'tʃaji
tea pot	*çajnik*	tʃaj'nik
tin-opener	*hapës konservash*	'hapəs kon'servaʃ
vacuum flask (thermos)	*termus*	ter'mus
vase	*vazo*	'vazo
washing- basin	*legen*	le'gen
water-bottle	*pagure, shishe uji*	pa'gure, 'ʃiʃe 'uji

PARFUMERY-HABERDASHERY— PARFUMERI-KINKALERI

after-shave lotion
kolonjë pas rroje
ko'lonjə pas 'rroje

braces
tiranta për pantallona
ti'ranta pər panta'llona

cream	*krem*	krem
- face-cream	*- për fytyrë*	- pər fy'tyrə
- night-cream	*- nate*	- 'nate
- hand-cream	*- për duar*	- pər 'duar
- shaving-cream	*- rroje*	- 'rroje
- sun-cream	*- dielli*	- 'dielli
curlers	*bigundina*	bigu'dina
cuffs (cuff links)	*mansheta*	man'ʃeta

eau de Cologne
kolonjë
ko'lonjə

electric (dry-) razor
makinë rroje me korent
ma'kinə 'rroje me ko'rent

powder (talcum powder)
pudër (talk)
'pudər (talk)

razor blade
brisk rroje
brisk 'rroje

face powder		hair brush
pudër		*furçë flokësh*
'pudər		'furtʃə 'flokəʃ

hair clips (barrettes, clasp)
karficë flokësh
kar'fitsə 'flokəʃ

hair dye	*bojë flokësh*	'bojə 'flokəʃ
handkerchief	*shami*	ʃa'mi
lipstick	*i kuq buzësh*	i kuq 'buzəʃ
nail brush	*furçë thonjsh*	'furtʃə θonjʃ
nai file	*limë thonjsh*	'limə θonjʃ
nail polish		
(remover)	*aceton*	atse'ton
nail scissors	*gërshërë*	gər'ʃərə
	(prerëse)	('prerəse)
	thonjsh	θonjʃ
nail varnish	*manikyrë*	mani'kyrə
perfume;		
scents	*parfum*	par'fum
ribbon	*fjongo*	'fjongo
safety-pin	*paramanë*	para'manə
scarf	*shall*	ʃall
scissors	*gërshërë*	gər'ʃərə
shampoo	*shampo*	'ʃampo
shaving brush	*furçë rroje*	'furtʃə 'rroje
shaving set	*vegla rroje*	'vegla 'rroje
soap	*sapun*	sa'pun
sponge	*sfungjer*	sfun'djer
toilet paper	*letër higjienike*	'letər hidje'nike
tooth brush	*furçë dhëmbësh*	'furtʃə 'thəmbəʃ
tooth paste	*pastë dhëmbësh*	'pastə 'thəmbəʃ
(pair of)		
tweezers	*piskatore;*	piska'torə;
	pincetë	pin'tsetə

acrylic	*akrilik*	akri'lik
all wool cloth -	*stof leshi*	stof 'leʃi
artificial;	*artificiale;*	artifi'tsjal(e);
synthetic	*sinte'tike*	sinte'tike

bath robe (dressing gown)
rrobëdeshambër
robəde'ʃambər

bathing suit, trunks
kostum, brekë banje
kos'tum, 'brekə 'banje

belt	*rrip*	rrip
blouse	*bluzë*	'bluzə
blue denim	*copë bluxhins*	'tsopə blu'dʒins
brassiere	*sutjena*	su'tjena
cap	*kasketë*	kas'ketə
cotton	*i (e) pambuktë*	i (e) pam'buktə

crease-proof
që nuk rrudhoset, që mban hekur
qə nuk rru'thoset, qə mban 'hekur

dress	*fustan*	fus'tan
drip-dry	*që nuk shtrydhet*	qə nuk 'ʃtrythet
felt	*shajak*	ʃa'jak
flannel	*fanellë*	fa'nellə
girdle	*korse*	kor'se
gloves	*doreza*	do'reza
hat	*kapelë*	ka'pelə
house-dress	*përparëse*	pər'parəse
	shtëpie	ʃtə'pie
lining	*lino;astar*	li'no; as'tar
loose-cut	*veref; klosh*	ve'ref; kloʃ
nightgown,		
nightie	*këmishë nate*	kə'miʃə 'nate
nylon	*najlon*	naj'lon
overcoat	*pallto*	'pallto
panty-hose		
(tight)	*geta*	'geta

plain, striped, polka dot, cloth
stof njëngjyrësh, me vija, me cirka
stof njən'djyrəʃ me 'vija me 'tsirka

pullover
triko, bluzë, pulovër
'triko, 'bluzə, pul'ovər

pyjamas	*pizhame*	pi'ʒame
raincoat		
(mackintosh)	*mushama shiu*	muʃa'ma 'ʃiu
shirt	*këmishë*	kə'miʃə
skirt	*fund*	fund
silk	*mëndafsh*	mən'dafʃ
satin	*satin (saten)*	sa'tin (sa'ten)
sleeves	*mëngë*	'məngə
underpants,		
drawers	*mbathje*	'mbaθje
short-sleeve	*këmishë me*	kə'miʃə me
shirt	*mëngë*	'məngə
	të shkurtra	tə 'ʃkurtra
short jacket	*xhaketë*	dʒa'ketə,
	treçerekshe	tretʃe'rekʃe
socks	*çorape të*	tʃo'rape tə
	shkurtra	'ʃkurtra
stockings	*çorape grash*	tʃo'rape graʃ
stocking		
suspender	*zhartierë*	ʒar'tjerə
tie, neck-tie	*kravatë, kollare*	kra'vatə, ko'llare
tight-fitting	*i ngushtë*	i'nguʃtə
T-shirt	*bluzë pambuku*	'bluzə pam'buku

trousers	**turn-up**
pantallona	*manshetë*
panta'llona	man'ʃetə

underwear; knitted underwear
të brendshme; të linjta
tə 'brəndshme; tə 'linjta

velvet	**vest**
kadife	*kanotierë*
ka'dife	kano'tjerə

waistcoat; fancy waistcoat
jelek
je'lek

I would like to have ... for a ten year old boy/girl.
Dëshiroj një ... për djalë, vajzë 10 vjeç.
dəʃi'roj njə ... pər 'djalə, 'vajzə 'thjetə vjetʃ

How much is it a metre?
Sa eshtë metri?
sa 'əʃtə 'metri

What material is it?
Çfarë materiali është ky?
'tʃfarə mater'jali 'əʃtə ky

Is it hand-made?
Me dorë është bërë?
me 'dorə 'əʃtə 'bərə

Can you take my measurements?
A mund të më marrësh pak masën?
a mund tə mə 'marrəʃ pak 'masən

Can I try it on?
A mund ta provoj?
a mund ta pro'voj

Do you have a mirror?
A keni ndonjë pasqyrë?
a 'keni ndo'njə pas'qyrə

Is it all right?
A më rri mirë?
a mə rri 'mirə

It is a bit long, short, tight, loose.
Është pak e gjatë, e shkurtër, e ngushtë, e gjerë
'əʃtə pak e 'djatə, e 'ʃkurtər, e nguʃtə, e 'djerə

How long does it take to make alterations?
Sa kohë ju duhet për ta rregulluar?
sa 'kohə ju 'duhet pər ta rregu'lluar

When will it be done?
Kur është gati?
kur 'əʃtə 'gati

How much does it cost?
Sa kushton?
sa kuʃ'ton

Can you write it down for me?
A mund ta shkruani këtu?
a mund ta 'ʃkruani kə'tu

They are excellently tailored.
Janë qepur shkëlqyeshëm.
'janə 'qepur ʃkəl'qyeʃəm

You're smart looking now.
Tani dukesh shumë mirë.
ta'ni 'dukeʃ 'ʃumə 'mirə

Thank you.
Faleminderit.
falemin'derit

FRUITS – FRUTA

apples	*mollë*	'mollə
apricots	*kajsi*	kaj'si
cherries	*qershi*	qer'ʃi
chestnuts	*gështenja*	gəʃ'tenja
figs	*fiq*	fiq
grapes	*rrush*	rruʃ
grapefruit	*greipfrut*	‚greip'frut
hazelnut	*lajthi*	laj'θi
lemon	*limon*	li'mon

mandarines, tangerines	*mandarina*	manda'rina
oranges	*portokalle*	porto'kalle
peaches	*pjeshkë*	'pjeʃkə
pears	*dardha*	'dartha
persimmon	*hurma*	'hurma
pine-apple	*ananas*	ana'nas
plums	*kumbulla*	'kumbulla
pomegranate	*shegë*	'ʃegə
prunes	*kumbulla të thata*	'kumbulla tə 'θata
strawberries	*luleshtrydhe*	‚lule'ʃtrythe
walnut	*arra*	'arra
raisin	*rrush i thatë*	rruʃ i 'θatə
sultanas	*stafidhe*	sta'fithe

VEGETABLES – ZARZAVATE

beans	*mashurka, barbunja*	ma'ʃurka, bar'bunja
dry beans	*fasule*	fa'sule
beets	*panxhar*	pan'dʒar
cabbage	*lakër*	'lakər
head of cabbage	*kokëlakër*	'kokə'lakər
carrots	*karrota*	ka'rrota
bunch of carrots	*tufë karrotash*	'tufə ka'rrotaʃ
cauliflower	*lulelakër*	'lule'lakər
cucumber	*kastravec, trangull*	kastra'vets, 'trangull
eggplant, aubergine	*patëllxhan*	patəll'dʒan
pickled cucumber	*kastravec turshi*	kastra'vets tur'ʃi
leeks	*presh*	preʃ
lettuce	*sallatë (jeshile)*	sa'llatə (je'ʃile)
marrow	*kungull*	'kungul
melon	*pjepër*	'pjepər
onions	*qepë*	'qepə

paprika	spec	spets
peas	bizele	bi'zele
potatoes	patate	pa'tate
tomatoes	domate	do'mate
water-melon	shalqi	ʃal'qi

DAIRY PRODUCTS – BULMET

butter	gjalpë	'djalpə
- salted butter	-gjalpë i kripur	'djalpə i 'kripur
- sweet, unsalted butter	- gjalpë buke	'djalpə 'buke
cheese	djathë	'djaθə
cheddar cheese	djathë kaçkavall	'djaθə katʃka'vall
soft, top cheese	djathë i njome	'djaθə i 'njomə
cheese spread	djathë i shkrirë, bebé	'djaθə i 'ʃkrirə be'bé
cottage cheese	gjizë	'djizə
magarine	margarinë	marga'rinə
fresh cream (or cream)	ajkë qumështi	'ajkə 'quməʃti
yogurt	kos	kos

MEAT AND FOWL – MISH-SHPENDË

meat	mish	miʃ
-lean/fat meat	-mish pa /me dhjamë	miʃ pa /me 'thjamə
beef	mish kau	miʃ 'kau
mutton	mish dashi	miʃ 'daʃi
pork	mish derri	miʃ 'derri
veal	mish viçi	miʃ 'vitʃi
lamb	mish qingji	miʃ 'qindji
lard	sallo	'sallo
chops	bërxolla	bər'dzolla
minced meat	mish i grirë	miʃ i 'grirə
fowl	shpezë	'ʃpezə
chicken	mish pule; pulë	miʃ 'pule; 'pulə

129

duck	mish rose; rosë	miʃ 'rose; 'rosə
goose	mish pate; patë	miʃ 'pate; 'patə
turkey	djel, pulë deti	'djel, 'pulə 'deti
tinned fish	konservë peshku	kon'servə 'peʃku
tinned meat	mish kutie, i konservuar	miʃ ku'tie i konser'vuar

FOOTWEAR – KËPUCË

boot	këpucë me qafa	kə'putsə me 'qafa
booties	shoshone (me push)	ʃo'ʃone (me puʃ)
canvas shoes	këpucë atlete	kə'putsə at'lete
heels	taka	'taka
-high~	-~ të larta	-~ tə 'larta
-medium~	-~ mesatare	-~ mesa'tare
-low~	-~ të ulëta	-~ tə 'ulta
high boots	çizme	'tʃizme

leather, rubber-soled shoes
këpucë me shollë, gomë
kə'putsə me 'ʃollə, 'gomə

(low) shoes
këpucë pa qafa, gjysma
kə'putsə pa 'qafa, 'djysma

overshoes, galoshes (A. E. rubbers)
galloshe
ga'lloʃe

rubber boots
këpucë gome me qafa
kə'putsə 'gome me 'qafa

| sandals | sandale | san'dale |
| slippers | shapka, pantofla | 'ʃapka, pan'tofla |

SPORTS GOODS – ARTIKUJ SPORTIVË

alpine boots	*këpucë alpinizmi*	kə'putsə alpi'nizmi
ball	*top*	top
- basketball	*-~ basketbolli*	-~ basket'bolli
- football	*-~ futbolli*	-~ fut'bolli
table-tennis ball	*-~ ping-pongu*	-~ pinng,pongu
- tennis ball	*-~ tenisi*	-~ te'nisi
- volleyball	*-~ volejbolli*	-~ volej'bolli
bat	*raketë ping-pongu*	ra'ketə, ping' pongu

bathing suit, trunks
kostum, mbathje banje
ko'stum, 'mbaθje 'banje

fish-hook
grep për peshk
grep pər peʃk

fishing line
fildispanjë; fill peshkimi
fildis'panjə; fill peʃ'kimi

flippers
lopata notimi
lo'pata no'timi

football boots
këpucë futbolli
kə'putsə fut'bolli

goggles (mask)
syza (maskë) për zhytësa
'syza ('maskə) pər 'ʒytəsa

racing bicycle
biçikletë gare /kursi
bitʃi'kletə 'gare/'kursi

| rope | *litar* | li'tar |
| rucksack | *çantë shpine* | 'tʃantə 'ʃpine |

running shoes
këpucë me thumba, atletike
kə'putsə me 'θumba, atle'tike

| shorts | *mbathje sporti* | 'mbaθje 'sporti |

shot-gun cartridges
fishekë
fi'ʃekə

   - powder and shot
   - *barut dhe saçme*
   - ba'rut the 'satʃme

singlet (A.E. sports jersey)
kanotiere
kano'tjere

skiing boots
këpucë për ski
kə'putsə pər ski

sports / gym shoes
këpucë atletike
kə'putsə atle'tike

sweat suit
tuta (sporti)
'tuta (sporti)

table-tennis net
rrjetë ping-pongu
'rrjetə 'ping'pongu

tennis net
rrjetë tenisi
'rrjetə te'nisi

tennis racket
raketë tenisi
ra'ketə te'nisi

tent (~ outfit)
çadër (pajisje të çadrës)
'tʃadər (pa'jisje të 'tʃadrəs)

T-shirt
bluzë sporti
'bluzə 'sporti

ELECTRICAL APPLIANCES –
ARTIKUJ ELEKTRIKË

amplifier	*amplifikator*	amplifika'tor
bulbs (lamps)	*llamba*	'llamba

(electric) coffee grinder
mulli kafeje (me korent)
mu'lli ka'feje (me ko'rent)

cord, conductor	**electric-pan**
tel; përcjellës	*tenxhere me korent*
tel; pər'tsjelləs	ten'dʒere me ko'rent

fan	*ventilator*	ventila'tor
gramaphone	*gramafon*	grama'fon
hair-drier	*tharëse flokësh*	'θarəse 'flokəʃ
iron	*hekur (për të hekurosur)*	'hekur (pər tə heku'rosur)
loudspeaker	*altoparlant*	altopar'lant
meter	*kontator*	konta'tor
plug	*spinë*	'spinə

-two-pin plug	*-spinë dyshe*	-'spinə 'dyʃe
pocket lamp	*elektrik dore*	elek'trik 'dore

(pocket lamp) battery
bateri (për elektrik dore)
bate'ri (pər elek'trik 'dore)

radio-set, wireless
radio
'radio

(tape-)

recorder	*magnetofon*	magneto'fon
refrigerator	*frigorifer*	frigori'fer
screw-driver	*kaçavidë*	katʃa'vidə
socket	*prizë*	'prizə
stove	*sobë me korent*	'sobə me ko'rent

transformer	*transformator*	transforma'tor
TV-set	*televizor*	televi'zor
washing- machine	*makinë larëse*	ma'kinə'larəse

Do you have records?
A keni pllaka gramafoni?
a 'keni 'pllaka grama'foni

Can I listen to this record?
A mund ta dëgjoj këtë pllakë?
a mund ta də'djoj kə'tə 'pllakə

I want a new needle, a new pick-up.
Dua një gjilpëre, kokë të re gramafoni.
'dua njə djil'pərə, 'kokə tə re grama'foni

I would like to have some records with ...
Dëshiroj të kem disa pllaka me ...
dəʃi'roj tə kem di'sa 'pllaka me

   - instrumental music
   - mizikë instrumentale
   - mu'zikə instrumen'tale

   - classical music
   - muzikë klasike
   - mu'zikə kla'sike

   - light music
   - muzikë të lehtë
   - mu'zikə tə 'lehtə

-orchestral music	*-muzikë orkestrale*	-mu'zikə orkes'trale
-folk music	*-muzikë popullore*	-mu'zikə popu'llore
dance music	*muzikë vallëzimi*	mu'zikə vallə'zimi

134

ARTISTIC HANDICRAFTS ARTICLES—
ARTIKUJ TË ARTIZANATIT ARTISTIK

BONE, CLAY, COPPER ARTICLES

figurines with characteristic Albanian folk costumes
figurina me kostume tradicionale shqiptare
figu'rina me kos'tume traditsio'nale ʃqip'tare

monuments of ancient culture of the Albanian people
monumente të kulturës së lashtë te popullit shqiptar
monu'mente tə kul'turəs sə 'laʃtə tə 'popullit ʃqip'tar

necklace	*rruaza; gjerdan*	rru'aza; djer'dan

COPPER ARTICLES

belts	*rripa*	'rripa
bracelets	*byzylykë*	byzy'lykə
decorative		
vases	*vazo*	'vazo
	dekorative	dekora'tive

filigree copper cartridge-belts
gjerdan me telish argjendi
djer'dan me te'liʃ ar'gjendi

kettles	*ibrikë*	i'brikə
knives	*thika*	'θika
swords	*shpata*	'ʃpata
tea-pots	*çajnikë*	tʃaj'nikə

FUR ARTICLES

caps	*qeleshe*	qe'ləʃe
coats	*setra, xhaketa*	'setra, dʒa'keta
dresses	*fustane*	fus'tane
gauntlets	*dorashka*	do'raʃka
pillows	*jastëkë*	jas'təkə
pull-overs	*pulovra*	pu'lovra
satchels	*çanta*	'tʃanta

table-cloths	sofrabezë	'sofra'bezə
travelling bags	çanta udhëtimi	'tʃanta uthə'timi
waistcoats	jelekë	je'lek

WOOLEN ARTICLES

bags	torba	'torba
carpets	qilima	qi'lima
gloves	dorashka	do'raʃka
slippers	papuçe	pa'putʃe
socks	çorape	tʃo'rape
(silk) shawl	shall (mëndafshi)	ʃal mən'dafʃi

WOODEN ARTICLES

barrels	voza; fuçi	'voza; fu'tʃi
bowls	tasa; kupa	'tasa; 'kupa
boxes	kuti	ku'ti
briar pipes	llulla shqope	'llulla 'ʃqope
cigarette-holders	cigarishte, pipa	tsiga'riʃte,'pipa
decorated	pjata	'pjata
wooden plates	dekorative druri	dekora'tive 'druri
figurines	figurina	figu'rina
trays	tabaká	taba'ka
vases	vazo	'vazo
water-kegs	bucela	bu'tsela

In the handicrafts articles stores you may also find leather articles.

All these articles may well serve as souvenirs from Albania.

CIGARETTES

Do you have cigarettes?
A keni cigare?
a 'keni tsi'gare

A packet of ...		**I would like a ...**
Një paketë ...		*Desha një ...*
njə pa'ketə		'deʃa njə

cigarette-		
holder	*pipë, cigarishte*	'pipə, tsiga'riʃte
cigarette-box	*kuti cigaresh*	ku'ti tsi'gareʃ
lighter	*çakmak*	tʃak'mak
lighter fuel-		
cartridge	*fishek çakmaku*	fi'ʃek tʃak'maku
flint	*gur çakmaku*	gur tʃak'maku
matches	*shkrepëse*	'ʃkrepəse
menthol	*cigare*	tsi'gare
cigarettes	*me mente*	me'mente

I would like two packets of ... with, without filter.
Dua dy paketa ... me, pa filtër.
'dua dy pa'keta ... me, pa 'filtər

Do you have pipe tobacco?
A keni duhan llulle?
a 'keni du'han 'llulle

Do you have tobacco pipes?
A keni llulla?
a 'keni 'llulla

If you want to offer somebody a cigarette, you would say:

May I offer you a cigarette?
A mund t'ju ofroj një cigare?
a mund t'ju o'froj njə tsi'gare

Or better, simply say:

Do you want a cigarette?
Doni një cigare?
'doni njə tsi' gare

Have one of mine.
Merrni një nga të 'miat.
'merrni njə nga tə 'miat

Try one of these.
Provoni një nga këto.
pro'voni njə nga kə'to

No, thanks, I would rather have one of these.
Jo faleminderit, do të preferoja një nga këto.
jo, falemin'derit, do tə prefe'roja njə nga kə'to

They are (very) mild, strong.
Janë (shumë) të buta, të forta.
janə ('ʃumə) tə 'buta, tə 'forta

It's a tradition in Albania to offer a cigarette, which will be accepted or turned down like this:

(Oh) Yes, thank you.
Ju faleminderit.
ju falemin'derit

no, thanks.
Jo, ju faleminderit.
jo, ju falemin'derit

I don't smoke, thank you.
Faleminderit, nuk e pi.
falemin'derit, nuk e pi

Thanks, I've given up smoking.
E kam lënë duhanin, faleminderit.
e kam 'lənə du'hanin, falemin'derit

You have done very well.
Paskeni bërë shumë mirë.
'paskeni 'bərə 'ʃumə 'mirə

I've tried to give it up, but I can't.
Jam munduar ta lë, por nuk mundem.
jam mun'duar ta lə, por nuk 'mundem

During your stay in Albania, you'll often come across
the sign «Kinkaleri» on a store; of course you will
be curious to know what it means. In Albanian
«Kinkaleri» means «Different small articles». What will
you find in a «Kinkaleri» in Albania? Here is a list:

ash-tray	tavëll duhani	'tavəll du'hani
ball	top	top
ball-point pen	stilolaps	stilo'laps
basket	shportë	'ʃportə
buttons	kopsa	'kopsa
bag; case	çantë; borsë	'ʃantə, 'borsə
battery	bateri	bate'ri
candle	qiri	qi'ri
cork-screw	nxjerrëse tapash	'ndzjerrəse 'tapaʃ
exercise book	fletore	fle'tore
fountain pen	stilograf	stilo'graf
hair-comb	krehër	'krehər
kerchief;		
head-scarf	shami; shami	ʃa'mi; ʃa'mi
	koke	'koke
string	spango	'spango
picture		
postcard	kartolinë	karto'linə
plastic bag	qese plastike	'qese plas'tike
pocket knife	biçak	bi'tʃak
doll	kukull	'kukull
purse	kuletë	ku'letə
razor-blade	brisqe rroje	'brisqe'rroje
refill	rezervë	re'zervə
	stilolapsi	stilo'lapsi
rubber dolls	kukulla gome	'kukulla 'gome
rucksack	çantë shpine	'tʃantə 'ʃpine
satchel	çantë (shkolle)	'tʃantə ('ʃkolle)
shoe laces	lidhëse këpucësh	'lithəse kə'putsə
shoe polish	bojë këpucësh	'bojə kə'putsəʃ
sewing-thread	pé për qepje	pe pər 'qepje

tin-opener	hapëse	'hapəse
	konservash	kon'servash
toys	lodra fëmijësh	'lodra fə'mijəʃ
umbrella	çadër	'tʃadər
vase	vazo	'vazo
writing-ink	bojë shkrimi	'bojë 'ʃkrimi
washing		
powder	pluhur rrobash	'pluhur 'rrobaʃ

At a «Kinkaleri» store you will also find cigarettes.

22. AT THE POST-OFFICE – NË POSTË

Where's the post-office?
Ku është posta?
ku 'əʃtə 'posta

Is it there at that PT signboard?
Mos është tek ajo tabela PT?
mos 'əʃtə tek a'jo ta'bela, pə'tə

When does the post-office close?
Kur mbyllet posta?
'kur 'mbyllet 'posta

It runs a 24 hour service.
Punon 24 orë / Është gjatë gjithë ditën hapur.
pu'non njəzete'katər orə / 'əʃtə 'djiθə 'ditən 'hapur

Where is the letter-box, post-box, pillar box?
Ku është kutia postare?
ku 'əʃtə ku'tia pos'tare

I want to post, mail a letter.
Desha të postoj një letër.
'deʃa tə pos'toj njə 'letər

What's the postage on an inland postcard?
Sa është tarifa për kartolinë për brenda vendit?
sa 'əʃtə ta'rifa pər njə karto'linə pər 'brənda 'vendit

Is there a list of the postal rates?
A keni ndonjë listë tarifash postare?
a 'keni 'ndonjə 'listə 'ta'rifaʃ pos'tare

Yes, there are the postal rates on
Po, ja ku janë tarifat për
po, ja ku 'janə ta'rifat pər

    - (inland, foreign) postcards,
    - kartolina (për brenda, jashtë vendit),
    karto'lina pər 'brənda, 'jaʃtə 'vendit

- printed matter,
- *materiale shtypi,*
- mater'jale 'ʃtypi

- registered,
- *rekomandé*
  rekoman'de

- a letter by air mail/air letter,
- *letër me postë ajrore,*
  'letər me 'postə aj'rore

- a parcel.
- *një pako.*
  njə 'pako

It depends on the weight and destination.
Varet nga pesha dhe vendmbërritja.
'varet ŋa 'peʃa the, vend'mbrritja

Where's the «Stamps» window?
Ku është sporteli i pullave?
ku 'əʃtə spor'teli i 'pullave

I would like some postage stamps for ...
Dëshiroj disa pulla për ...
dəʃi'roj di'sa 'pulla pər

I would like Albanian commemorative stamps.
Desha pulla jubilare shqiptare.
'deʃa 'pulla jubi'lare ʃqip'tare

Do you have collections of stamps?
A keni koleksione pullash?
a 'keni kolek'sjone 'pullaʃ

Have you special issues of stamps?
A keni emisione speciale pullash?
a 'keni emis'jone spe'tsjale 'pullaʃ

Do I have to write the sender's name?
A duhet ta shkruaj dërguesin?
a 'duhet ta 'ʃkruaj dər'guesin

Yes, and your full address.
Po, si dhe adresën tuaj të plotë.
po, si the ad'resən 'tuaj tə 'plotə

Where's the «Poste Restante» counter?
Ku është sporteli i restantes?
ku 'əʃtə spor'teli i res'tantes

Where can I find a telegram form?
Desha një format telegrami?
'deʃa njə for'mat tele'grami

a reply-paid telegram
Telegram me përgjigje
tele'gram me pər'djidje

box number
numri i kutisë postare
'numri i ku'tisə pos'tare

air mail	*postë ajrore*	'postə aj'rore
counter,		
** window**	*sportel, banak*	spor'tel, ba'nak
destination	*vendmbërritje*	vendmbə'rritje
parcel	*pako*	'pako
package	*pliko, paketë*	'pliko, pa'ketə
registered	*letër*	'letər
** letter**	*rekomandé*	rekoman'de

urgent letter, telegram, call
letër, telegram, lajmthirrje urgjent
'letər, tele'gram, lajm'θirrje ur'djent

To be kept until called for.
Ruhet në postë deri sa të vijë thirrja.
'ruhət nə 'postə deri 'sa tə 'vijə 'θirrja

Shall I write my address on the back of the envelope?
Duhet ta shkruaj adresën time prapa zarfit?
'duhet ta 'ʃkruaj a'dresən 'time 'prapa 'zarfit

Here's my address.
Kjo është adresa ime.
kjo 'əʃtə a'dresa 'ime

May I write out the name in full or are the initials sufficient?
Duhet ta shkruaj emrin e plotë apo mjaftojnë inicialet?
'duhet ta 'ʃkruaj 'emrin e 'plotə 'apo mja'ftojnə
    ini'tsjalet

Can I book a trunk call for tomorrow?
A mund të bëj një thirrje për nesër?
a mund tə bəj njə 'θirrje pər 'nesər

I would like to call London.
Desha të bëj një thirrje me Londrën.
'deʃa tə bəj njə 'θirrje me 'londrən

Fill in this telephone call request form.
Mbusheni këtë fletë-thirrje.
'mbuʃeni kə'tə 'fletə 'θirrje

Am I through, Mrs Miss?
Më lidhët, zonjë zonjushe?
mə 'lithət 'zonjə, zo'njuʃe

Yes, go ahead!
Po, foli këtu!
po, 'foli kə'tu

Your line (number) is engaged, busy.
Linja (numri) juaj është i zënë.
'linja ('numri) 'juaj 'əʃtə i 'zənə

Your call has been put through.
Jeni lidhut.
'jeni 'lithur

Is the line clear, free?
Është e lirë linja?
'əʃtə e 'lirə 'linja

The line has been cut off sir.
Linja u ndërpre, zotëri.
'linja u ndər'pre zotə'ri

Hold the line, please.
Mos e mbyll telefonin, të lutem.
mos e mbyll tele'fonin tə'lutem

Switchboard! Here is ... Paris, please.
Centrali! Jemi numri ... Parisin, të lutem.
tsen'trali, 'jemi 'numri ... Pa'risin tə 'lutem

Hello, is Mr ... in?
Alo, a është aty zoti...?
a'lo, a 'əshtə a'ty 'zoti

Who's calling?
Kush flet?
kuʃ flet

It's ... speaking.
Jam ...
jam

Who are you?
Po ju, kush jeni?
po ju kuʃ 'jeni

This is ...
Unë jam ...
'unə jam

Who shall I say is (was) calling?
Si ti them, kush e kërkon (kërkoi)?
si ti θem, kuʃ e kər'kon (kər'koi)

May I look up the telephone directory?
A mund ta shikoj pak numratorin?
a mund ta ʃi'koj pak numra'torin

He has a house phone.
Ai ka telefon në shtëpi
ai ka tele'fon nə ʃtə'pi

Is that ...?
Mos jeni...?
mos 'jeni

If you've got the wrong number, you should say:

I'm sorry (for troubling you).
Më falni (për shqetësimin).
mə 'falni (pər ʃqetə'simin)

It's no trouble, hang up and dial again.
s'ka gjë, mbylleni telefonin dhe bjerini edhe një herë.
s'ka djə, 'mbylleni tele'fonin the 'bjerini 'ethe njə 'herə

INFORMATION OFFICE OF THE
TELEPHONE EXCHANGE –
INFORMACIONI I POSTËS

Is that 03?
Zero-treshi?
'zero 'treʃi

I am ... (telephone number).
Unë jam numri ...
unə jam 'numri

My phone is out of order; my telephone is dead.
Telefoni im nuk punon.
tele'foni im nuk pu'non

My address is ...   **I live in ...**
Adresa ime është ...   *Unë banoj në ...*
a'dresa 'ime 'əʃtə   'unə ba'noj nə

Thank you very much.
Ju faleminderit shumë.
ju falemin'derit 'ʃumə

146

23. SERVICE ESTABLISHMENTS – RIPARIM-SHERBIME

In Albania there is a variety of services establishments, which we call «Riparim-Shërbime», meaning «Repairs and Services»; shops included in the «Riparim-Shërbime» are always ready to fix you up in no time. Almost all the minor services are done while you wait. «Repairs and Services» include tailor-shops, barbers' shops, shoemakers', dyers' and dry-cleaners', watch repair and other service shops.

AT THE BARBER'S

It's your turn.
Tani e keni radhën ju; është radha juaj.
ta'ni e 'keni ra'thən ju; 'əʃtə 'ratha 'juaj

Sit down, please.
Uluni, ju lutem.
'uluni ju 'lutem

What will it be?
Çfarë dëshironi; ç'urdhëroni?
'tʃfarə dəʃi'roni; tʃurthə'roni

Hair cut and shave.
Dua të qethem e të rruhem.
dua tə 'qethem e tə 'rruhem

How do you want your hair cut?
Si doni të qetheni?
si 'doni tə 'qeθeni

Just trim it at the back and sides.
M'i merr pak mbrapa dhe anash.
mi merr pak 'mbrapa the 'anaʃ

Short. Not too short.
Merri shkurt. Jo shumë shkurt.
'merri ʃkurt, jo 'ʃumə ʃkurt

Just a little off the top.
M'i merr vetëm pak sipër.
mi merr' vetəm pak' sipər

I have lots of dandruff. What can I do against it?
Kam shumë zbokth. Ç' mund t'i bëj?
kam 'ʃumə zbokθ. tʃmund ti bəj

Please, use (no) electric clippers at the back.
Të lutem (mos) m'i merr me makinë mbrapa.
tə 'lutəm (mos) mi merr me ma'kinə 'mbrapa

Shall I trim your beard, moustache, whiskers?
Të ta (ti) shkurtoj pak mjekrrën, mustaqet, favoritet?
tə ta (ti) ʃkur'toj pak 'mjekrrən, mus'taqet, favo'ritet

No thanks. Yes, just a little.
Jo, faleminderit. Po, paksa.
jo, falemin'derit, po pak'sa

I usually keep my hair short.
Flokët i mbaj zakonisht të shkurtra.
'flokət i mbaj zako'niʃt tə 'ʃkurtra

I comb my hair back.
Flokët i kreh (ngre) përpjetë (lart).
'flokət i kreh (ngre) pər'pjetə (lart)

I part my hair on the right, left.
Flokët i kreh me vizë djathtas, majtas.
'flokət i kreh me 'vizə 'djathtas, 'majtas

Do you want some hair lotion?
Dëshironi pak vaj flokësh?
dəʃi'roni pak vaj 'flokəʃ

No, thanks, just brush off the clippings.
Jo, faleminderit më pastroni vetëm qimet.
jo, falemin'derit, mə pas'troni 'vetəm 'qimet

A shave, please.
Një brisk; dua të rruhem.
njə brisk 'dua tə 'rruhem

Shave down once.
Bjeri vetëm një herë, një brisk.
'bjeri 'vetəm njə 'herə, njə brisk

Please, I've a tender skin, don't shave up.
E kam lëkurën shumë të butë, mos i bjer kundër.
e kam lə'kurən 'ʃumə tə 'butə, mos i bjer 'kundər

I'm afraid of skin irritation.
Kam frikë mos më acarohet lëkura.
kam 'frikə mos mə atsa'rohet lə'kura

A hot towel.
Një fërkim me peshqir të ngrohtë.
njə fər'kim me peʃ'qir tə 'ngrohtə

Any after-shave lotion?
Dëshironi kolonjë për fytyrë?
dəʃi'roni ko'lonjə pər fy'tyrə

Yes, and some face cream.
Po, edhe pak krem fytyre.
po, 'ethə pak krem fy'tyre

Thank you, how much is it?
Faleminderit, sa kushton?
falemin'derit sa kuʃ'ton

Good-bye!
Mirupafshim.
,miru'pafʃim

LADIES' HAIRDRESSER'S

Is there a ladies' hairdresser's (beauty parlour) here?
A ka ndonjë permanent këtu?
a ka ndo'njə perma'nent kə'tu

May I come on Tuesday, tomorrow?
A mund të vij të martën, nesër?
a mund tə vij tə 'martən 'nesər

I would like a permanent wave.
Dëshiroj të bëj flokët permanent.
dəʃi'roj tə bəj 'flokət perma'nent

   - with curls,   *kaçurrela,*   katʃu'rrela

   - to shorten the sides, top,
   - t'i shkurtoj anash, lart,
   ti ʃkur'toj 'anaʃ, lart

   - fringe, bangs, *- me baluke*   me ba'luke

   - waves,
   - ondulacion, valëzim,
   ondula'tsjon, valə'zim

I want a blonde rinse.
Dua t'i lyej flokët të verdhë.
'dua ti 'lyej 'flokət tə 'verthə

   - a combing,
   - një krehje
   njə 'krehje

Have you a colour guide?
A keni ndonjë tregues ngjyrash?
a' keni ndo'njə tre'gues 'ndjyraʃ

Do you have hair dye of this colour?
A keni bojë flokësh në këtë ngjyrë?
a keni 'bojə 'flokəʃ nə kə'tə 'ndjyrə

- the same colour,
- *ngjyrë të njëjtë,*
  'ndjyrə tə 'njəjtə

- a darker colour than this,
- *një ngjyrë më të errët se kjo,*
  njə 'ndjyrə mə tə 'errət se kjo

- a lighter colour than this,
- *një ngjyrë më të çelur se kjo,*
  njə 'ndjyrə mə tə 'tʃelur se kjo

hair dyeing	*lyerje flokësh*	'lyerje 'flokəʃ
manicure	*manikyrë*	mani'kyrə
tint, shading	*refleks*	re'fleks

I would also like a shampoo and a set.
Dua të laj flokët me shampo dhe t'i jap formë.
'dua tə laj 'flokət mə 'ʃampo the ti jap 'formə

AT THE WATCH-MAKER'S AND JEWELER'S

Can you have a look at my watch?
A mund ta shihni pak orën time?
a mund ta 'ʃihni pak 'orən 'time

It doesn't go well.
Nuk shkon mirë.
nuk ʃkon 'mirə

It goes ten minutes fast a day.
Ecën dhjetë minuta para në ditë.
'ecən 'thjetə mi'nuta 'para nə 'ditə

It gains, loses five minutes.
Shkon pesë minuta përpara, prapa.
ʃkon 'thjetə mi'nuta pər'para, 'prapa

It stops altogether every now and then.
Herë pas here mbetet.
'herə pas 'here 'mbetet

Can you give it a clean?
A mund ta pastroni?
a mund ta pas'troni

Can you repair this watch?
A mund të ma rregulloni këtë orë?
a mund tə ma rregu'lloni kə'tə 'orə

A hand of my wrist-watch has come off.
Orës i është këputur një akrep.
'orës i 'əftə kə'putur njə a'krep

It has kept perfect time.
Më ka shkuar shumë mirë.
mə ka 'ʃkuar 'ʃumə 'mire

The glass is broken.
Është thyer xhami.
'əftə 'θyer 'dʒami

Can you put in a new glass?
A mund t'i vini një xham të ri?
a mund ti 'vini njə dʒami tə ri

The wrist-band is broken.
Më është këputur zinxhiri.
mə 'əftə kə'putur zin'dʒiri

Must I leave it here?
A duhet ta lë këtu?
a 'duhet ta lə kə'tu

No, I'll fix it up now.
Jo, do ta rregulloj tani.
jo, do ta rregu'lloj ta'ni

The alarm doesn't work.
Nuk i punon zilja.
nuk i pu'non 'zilja

You'll have to leave it here.
Duhet ta lini këtu.
'duhet ta 'lini kə'tu

Here is the receipt.
Urdhëroni faturën.
urthə'roni fa'turən

When will it be ready?
Kur është gati?
kur 'əʃtə 'gati

After two days.
Pas dy ditësh.
pas dy ditəʃ

Well then, this time on Monday.
Mirë atëherë, të hënën po në këtë orë.
mirə atə'herə, tə'hənən po nə kə'tə 'orə

The balance-staff is broken.
Është thyer gjilpëra.
'əʃtə 'θyer 'djil'pəra

antimagnetic	bracelet, chain, wristband	
antimagnetike	*zinxhir*	
antimagne'tike	zin'dʒir	
clock	*orë muri,*	'orə 'muri,
	tavoline	tavo'line
dial, face	*fushë*	'fuʃə
glass, watch-		
glass	*xham*	dʒam

hand (big; small)
akrep (i vogël; i madh)
a'krep (i'vogəl; i math)

stainless steel back
kapak me çelik të pandryshkshëm
ka'pak me tʃe'lik tə ,pan'dryʃkʃəm

shock-resistant	*kundër*	'kundər
	goditjeve	go'ditjeve
second hand	*akrep i*	a'krep i
	sekondave	se'kondave
winder	*burma e*	'burma e
	kurdisjes	kur'disjes
(main) spring	*zemrek*	ze'mrek
water proof,		
protected	*kundër ujit*	'kundər 'ujit
wrist-watch	*orë dore*	'orə 'dore

Set the clock 5 minutes slow, fast.
Vëre sahatin 5 minuta prapa, përpara.
'vəre sa'hatin 'pesə mi'nuta 'prapa, pər'para

around the clock
24 orë rresht
njəzete'katər 'orə 'rreʃt

anti clock-wise
në drejtim të kundërt me akrepat e sahatit
nə drejt'im tə 'kundərt me a'krepat e sa'hatit

clock-wise
në drejtim të akrepave të sahatit
nə drej'tim tə a'krepave tə sa'hatit

ear-ring	*vathë*	'vaθə
ring	*unazë*	u'nazə
-gold ring	*-unazë prej ari,*	u'nazə prej 'ari,
	floriri	flo'riri
- silver ring	*-unazë prej*	u'nazə prej
	argjendi	ar'djendi
silverware	*artikuj*	ar'tikuj
	argjendi	ar'djendi
tie-pin	*gjilpërë kravate*	djil'pərə kra'vate

AT THE SHOEMAKER'S – AT THE DYER'S AND DRY-CLEANER'S

What can I do for you?
Urdhëroni?
urthə'roni

I'd like these shoes resoled; new soles put on.
Dëshiroj t'i vë shtroje të reja komplet.
dəʃi'roj ti və 'ʃtroje tə 'reja kom'plet

I would like leather, rubber soles, half soles.
Dëshiroj shtroje sholle, gome, gjysma.
dəʃi'roj 'ʃtroje 'ʃolle, 'gome, 'gjysma

Leather ones are much lighter in summer.
Prej sholle janë shumë më të lehta për verë.
prej 'ʃolle 'janə 'ʃumə mə tə 'lehta pər 'verə

These shoes need repairing.
Këto këpucë kanë nevojë për rregullim.
'kə'to kə'putsə 'kanə ne'vojə pər rregu'llim

They are down at heels.
Janë ngrënë takat.
janə 'ngrənə 'takat

The shoes, heels are worn out.
Këpucët, takat janë prishur.
kə'putsət, 'takat 'janə 'priʃur

Half soles of leather and rubber heels.
Gysma sholle dhe taka gome.
'djysma 'ʃolle the 'taka 'gome

These are too tight. They pinch.
Janë shumë të ngushta; më vrasin.
'janə 'ʃumə tə 'nguʃta; mə 'vrasin

I want to have them stretched.
Dua t'i fus në kallëp, t'i zgjeroj.
'dua ti fus nə ka'lləp, ti zdje'roj

I'll do them while you wait.
I rregullojmë menjëherë.
i rregu'llojmə, menjə'herə

Thank you.
Ju faleminderit.
ju falemin'derit

How much does it cost?
Sa kushton?
sa kuʃ'ton

Thank you, good bye.
Ju faleminderit, mirupafshim.
ju falemin'derit, miru'pafshim

In Albania, dry-cleaner's and dyer's shops are, in most cases, to be found under the name «Pastërti», which means «Cleaning Shop».

I have a piece of white material, I want it dyed green.
Kam një copë të barlhë, dua ta ngjyej jeshile.
kam njə 'tsopə tə 'barthə, 'dua ta 'ndjyej je'ʃile

I want this blouse dyed a saxe, dark blue.
Këtë bluzë dua ta ngjyej blu të hapur, të errët.
kə'tə 'bluzə 'dua ta 'ndjyej blu tə 'hapur, tə 'errət

Can this stain be removed?
A mund të ma pastroni këtë njollë?
a mund tə ma pas'troni kə'tə 'njollə

Let me have a look at it.
Dale ta shikoj.
'dale ta ʃi'koj

Do you dry clean clothes?
A pastroni rroba me solucione kimike?
a   pas'troni 'rroba me solu'tsjone ki'mike

156

Yes, all kinds of clothes.
Po, të gjitha llojet e rrobave.
po, tə 'djiθa 'llojet e 'rrobave

Well, I would like this suit cleaned.
Mirë, dua të pastroj këtë kostum.
'mirə 'dua tə pas'troj kə'tə kos'tum

Here you are.
Urdhëroni.
urthə'roni

How much is it?
Sa kushton?
sa kuʃ'ton

When will it be ready?
Kur bëhet gati?
kur 'bəhet 'gati

My name is ...
Quhem ...
'quhem

Here is the receipt.
Urdhëroni faturën.
urthə'roni fa'turən

Come and collect it on ...
Ejani ta merrni të ...
'ejani ta 'merrni tə

Thank you, good bye.
Ju faleminderit, mirupafshim.
ju falemin'derit, miru'pafʃim

24. MUSEUMS – HISTORICAL PLACES – MUZEUME – VENDE HISTORIKE

I want to visit the town's museum.
Dua të viztoj muzeun e qytetit.
'dua tə vizi'toj mu'zeun e qy'tetit

How long does it take to walk up there?
Sa mban në këmbë deri atje?
sa mban nə 'kəmbə 'deri a'tje

20-25 minutes.
20 deri 25 minuta.
njə'zet 'deri njəzete'pesə mi'nuta

5 minutes by bus, car.
Me autobus, veturë 5 minuta.
me auto'buz, ve'turə 'pesə mi'nuta

Archeological excavations have been carried out.
Janë bërë gërmime arkeologjike.
'janə 'bərə gər'mime arkeolo'gjike

They have proved the Illyrian-Albanian continuity.
Ato kanë vërtetuar vazhdimësinë iliro-shqiptare.
a'to 'kanə vərte'tuar vaʒdimə'sinə i'liro ʃqip'tare

Can you show us through the museum?
A mund të na shoqëroni nëpër muze?
a mund tə na ʃoqə'roni 'nəpər mu'ze

Thank you very much.
Ju faleminderit shumë.
ju falemin'derit 'ʃume

What monument is this?
Çfarë monumenti është ky?
'tfarə monu'menti 'əʃtə ky

To which year do these things belong?
Cilit vit i përkasin këto zbu'lime?
'tsilit vit i pər'kasin kə'to zbu'lime

Where are the engravings displayed?
Ku është salla e gravurave?
ku 'əʃtə 'salla e gra'vurave

A fine painting, isn't it?
Pikturë e bukur, apo jo?
pik'tur e 'bukur, 'apo jo

Who is the painter?
Kush është piktori i saj?
kuʃ 'əʃtə pik'tori i saj

From what period is this?
E cilës periudhë ështe kjo?
e 'tsiləs peri'uthə 'əʃtə kjo

Apollonia was inhabited in very ancient times.
Apolonia është një vendbanin shumë i vjetër.
apollo'nia 'əʃtə njə vendba'nim 'ʃume i 'vjetər

When did life begin here according to documentary evidence?
Sipas dokumenteve kur ka filluar jeta këtu?
si'pas doku'mentave, kur ka fi'lluar 'jeta kə'tu

They have built a wall round Butrint.
Kanë ndërtuar një mur rreth Butrintit.
'kanə ndər'tuar njə mur rreθ bu'trintit

The wall surrounding the city.
Muri rrethues i qytetit
muri rre'θues i qy'tetit

A castle has been built in the centre of the city.
Në mes të qytetit është ndërtuar një kështjellë.
nə mes tə qy'tetit 'əʃtə ndər'tuar njə kəʃ'tjellə

When the Turks invaded Albania ...
Kur turqit pushtuan Shqipërinë ...
kur 'turqit puʃ'tuan ʃqipə'rinə

159

How long ago was that?
Sa kohë përpara ka ndodhur?
sa 'kohə pər'para ka 'ndothur

This place is called ...
Ky vend quhet ...
ky vend 'quhet

These are the inner and outer walls.
Këto janë muret e brendshme dhe të jashtme.
kə'to 'janə 'muret e 'brəndʃme the tə 'jaʃtme

Albanian history is full of names of famous people.
*Historia e Shqipërisë është e mbushur me emra
    njerëzish të shquar.*
histo'ria e ʃqipə'risə 'əʃtə e 'mbuʃur me 'emra
    'njerəziʃ tə 'ʃquar

Who was the architect, painter, sculptor of this?
Kush ka qenë arkitekti, piktori, skulptori i kësaj?
kuʃ ka 'qenə arki'tekti, pik'tori, skulp'tori i saj

In the 12 century ...
Në shekullin e 12-të ...
nə 'ʃekullin e dymbə'thjetə

We are interested in ...
Ne jemi të interesuar për ...
ne 'jemi tə intere'suar pər

Can you show us inside, outside?
A mund të na shoqëroni brenda, jashtë?
a mund tə na ʃoqə'roni 'brenda, 'jaʃtə

When was it built?
Kur është ndërtuar?
kur 'əʃtə ndər'tuar

This is the house where ... lived.
Kjo është shtëpia ku ka banuar ...
kjo 'əʃtə ʃtə'pia ku ka ba'nuar

160

This is the house where ... was born, died.

Kjo është shtëpia ku ka lidur, vdekur ...

kjo 'əʃtə ʃtə'pia ku ka 'lindur, 'vdekur

amphitheatre	*amfiteatër*	amfite'atər
antiquity	*antikitet, lashtësi*	antiki'tet, laʃtə'si
architecture	*arkitekturë*	arkitek'turə
arena	*arena*	a'rena
armoury	*armaturë (vendi i armëve)*	arma'turə ('vendi i 'arməve)
battlefield	*fushë beteje*	'fuʃə e be'teje
building	*ndërtesë*	ndər'tesə
boulevard	*bulevard*	bule'vard
burial place	*vendvarrim*	'vendva'rrim
bust	*bust*	bust
candlestick	*shandan*	ʃan'dan
caricature	*karikaturë*	karika'turə
castle (citadel)	*kështjellë*	kəʃ'tjellə
coins	*monedha*	mone'tha
column	*kollonë*	ko'llonə
crack	*e çarë*	e 'tʃarə
cupola (dome)	*kupolë*	ku'polə
engraving	*gravurë*	gra'vurə
entrance	*hyrje*	'hyrje
excavations, diggings	*gërmime*	gər'mime
exhibition	*ekspozitë*	ekspo'zitə
exit (secret exit)	*dalje (dalje e fshehtë)*	'dalje ('dalje e 'fʃehtə)
fresco	*afresk*	a'fresk
gallery	*galeri*	gale'ri
games court	*sheshi i lojrave*	'ʃeʃi i 'lojrave
grave	*varr*	varr
graveyard (cemetery)	*varreza*	va'rreza
guns	*topa*	'topa
handle	*dorezë*	do'rezə
leaflet	*trakt*	trakt
machine-gun	*mitraloz*	mitra'loz

161

mosaics	mozaikë	moza'ikə
museum	muze	mu'ze
obelisk	obelisk	obe'lisk
opening	boshllëk, vrimë	boʃ'llək, 'vrimə
ornaments	stoli	sto'li
palace	pallat	pa'llat
parade ground	sheshi i parakalimit	'ʃeʃi i paraka'limit
poster	pllakat	plla'kat
pottery	poçari	potʃa'ri
relics	relike	re'like
rifle	pushkë	'puʃkə
ruins	rrënojë	rrə'nojə
seats	vende	'vende
shield	mburojë	mbu'rojə
statue	statujë	sta'tujə
sword	shpatë, pallë	'ʃpatə, 'pallə
tombstone	gurvarri	'gur'varri
torch	pishtar	piʃ'tar
tower	kullë	'kullə
vase	vazo	'vazo
watch-tower	kullë vrojtimi	'kullə vroj'timi

25. AT THE FACTORY, PLANT – NË FABRIKË, UZINË

Are we going to a factory today?
Do të shkojmë në fabrikë sot?
do tə 'ʃkojmə nə fa'brikə sot

What factory is it?
Çfarë fabrike është kjo?
'tʃfarə fab'rike 'əʃtə kjo

When was it set up?
Kur është ndërtuar?
kur 'eʃtə ndər'tuar

Was it that size then?
Sa e madhe ishte atëhere?
sa e 'mathe 'iʃtə atə'here

It was small then.
Atëhere ishte e vogël.
atə'here 'iʃte e 'vogəl

How many workers work there, here?
Sa punëtorë punojnë atje, këtu?
sa punə'torə pu'nojnə a'tje, kə'tu

Do they work in shifts?
Me turne punojnë?
me 'turne pu'nojnə

How long is the work-day?
Sa orë në ditë punojnë?
sa 'orə nə 'ditə pu'nojnə

How long does it take to make a...?
Sa kohë duhet për të bërë një...?
sa 'kohə 'duhet pər tə 'bərə njə

What do you do? What is your profession?
Çfarë zanati keni?
'tʃfarə za'nati 'keni

What trade have you learned?
Çfarë zanati keni mësuar?
'tʃfarə za'nati 'keni mə'suar

Are you an apprentice?   *Nxënës jeni?*   'ndzənəs 'jeni?

Can you tell me what process is done in this shop?
A mund të më tregoni procesin e punës në këtë repart?
a mund tə mə tre'goni pro'tsesin e 'punəs nə kə'tə
    re'part

Work faster.	*Punoni më shpejt.*	pu'noni mə ʃpejt
Work more slowly.	*Punoni më ngadatë.*	pu'noni mə nga'dalə
Try once more.	*Provojeni edhe një herë.*	pro'vojeni 'ethe njə 'herə

Did you understand it all?
I kuptuat të gjitha?
i kup'tuat tə 'djiθa

It doesn't matter.
Nuk ka gjë; nuk prish punë.
nuk ka djə; nuk priʃ 'punə

What is your name?
Si ju quajnë?
si ju 'quajnə

How long have you been working here?
Sa kohë keni që punoni këtu?
sa 'kohə 'keni qə pu'noni kə'tu

Very good.　　　　*Shumë mirë.*　　　　'ʃumə 'mirə

I am satisfied with your work.
Jam i kënaqur nga puna juaj.
jam i kə'naqur nga 'puna'juaj

You have made good progress.
Keni ecur shumë përpara.
'keni 'etsur 'ʃumə pər'para

I'm pleased to see that you keep your work place clean.
Më pëlqen se e mbakeni pastër vendin e punës.
mə pəl'qen se e 'mbakeni 'pastər 'vendin e 'punəs

What do you use for cleaning?
Çfarë përdorni për të bërë pastrimin?
'tʃfarə pər'dorni pər tə 'bərə pas'trimin

We use cotton waste.
Përdorim mbeturina fijesh pambuku.
pər'dorim mbetu'rina 'fijeʃ pam'buku

How many of the workers are women?
Sa punëtore punojnë këtu?
sa punə'tore pu'nojnə kə'tu

When do you start work?
Kur fillon puna?
kur fi'llon 'puna

Work starts at ... and ends at ...
Puna fillon në ... dhe mbaron në ...
'puna fi'llon nə ... the mba'ron nə ...

The workers all come to work on time.
Punëtorët vinë në punë në kohën e duhur.
punə'torət 'vijnə nə 'punə nə 'kohən e 'duhur

Do they have a break during work?
A bënjë pushim gjatë punës?
a 'bəjnə 'pu'ʃim 'djatə 'punəs

There is a 30 minutes break at ...
Ata bëjnë 30 minuta pushim në ...
a'ta 'bəjnə 'trithjetə mi'nuta pu'ʃim nə

The break, work day is over.
Pushimi, puna mbaroi.
pu'ʃimi, 'puna mba'roi

What does that poster say?
Çfarë është shkruar në atë parullë?
'tʃfarə 'əʃtə 'ʃkruar nə a'tə pa'rullə

Observe the rules at work.
respektoni rregullat e punës.
respe'ktoni 'rregullat e 'punəs

No entry to the hall, shop.
Ndalohet hyrja në sallë, repart.
nda'lohet 'hyrja nə 'sallə, re'part

We'll work one hour overtime.
Do të punojmë një orë më tepër.
do tə pu'nojmə njə 'orə mə 'tepər

These are the rules of the plant.
Këto janë rregullat e uzinës.
kə'to 'janə 'rregullat e u'zinəs

Can we see the plant's exhibition?
A mund ta shikojmë ekspozitën e uzinës?
a mund ta ʃi'kojmə ekspo'zitən e u'zinəs

Are all these produced here?
Këtu janë prodhuar të gjitha këto?
kə'tu 'janə pro'thuar tə 'djiθa kə'to

You have made great progress.
Keni bërë përparime të mëdha.
'keni 'bərə pərpa'rime tə mə'tha

Last year's production was ...
Prodhimi i vitit të kaluar ishte ...
pro'thimi i 'vitit tə ka'luar 'iʃte

It is ... percent greater than last year.
Është ... për qind më i madh se vitin e kaluar.
'əʃtə ... pər qind mə i math se 'vitin e ka'luar

All the production processes are mechanized.
Të gjitha proceset e prodhimit janë të mekanizuara.
tə 'djiθa pro'tʃeset e pro'thimit 'janə tə mekani'zuara

We produce chiefly for home consumption but also for export.
Kryesisht prodhojmë për vendin dhe për eksport.
krye'siʃt pro'thojmə pər 'vendin the pər eks'port

How are you getting on with the plan this year?
Si jeni me realizimin e planit sivjet?
si 'jeni me reali'zimin e 'planit si'vjet

It is ... per cent larger than in 1995.
Është ... për qind më i madh se në 1995.
'əʃtə ... pər qind mə i math se nə njəmije'nəntəqind e'nəntəthjete'pesə

Social insurance
Sigurime shoqërore
sigu'rime ʃoqə'rorə

Where will you go for your holiday?
Ku do të shkoni për pushime?
ku do tə 'ʃkoni pər pu'ʃime

Is this holiday paid?
A paguheni për këto pushime?
a pa'guheni pər kə'to pu'ʃime

We get 12 days paid holiday a year.
Çdo vit ne gëzojmë 12 ditë pushim me pagesë.
tʃdo vit ne gə'zojmə 'dymbəthjetə 'ditə pu'ʃim me
pa'gesə

What about in case of illness?
Po në raste sëmundjeje?
po nə 'raste sə'mundjeje

We get paid sick leave, too.
Edhe në raste sëmundjeje marrim pushim me pagesë.
ethe nə'raste sə'mundjeje 'marrim pu'ʃim me pa'gesə

Stop the machines!
Ndaloni, fikni makinat!
nda'loni, 'fikni ma'kinat

Switch off!
Ndërprisni, 'hiqni korentin!
ndər'prisni, 'hiqni ko'rentin

Switch on!
Takoni çelësin e korentit!
ta'koni 'tʃeləsin e ko'rentit

Start the machines!
Ndizni makinat!
n'dizni ma'kinat

Can you show us around?
A mund të na shoqëroni për një vizitë?
a mund tə na ʃoqə'roni pər njə vi'zitə

Thank you for everything.
Ju faleminderit për të gjitha.
ju falemin'derit pər tə 'djiθa

adminstration	administratë	admini'stratə
break	pushim	pu'ʃim
brigade	brigadë	bri'gadə
brigade leader	brigadier	brigadi'er
canteen, dining hall	mensë, sallë ngrënieje	'mensə, sallə ngrənieje
chairman	kryetar	krye'tar
change of shift	ndërrim turni	ndə'rrim 'turni
dressing room	dhoma e zhveshjes	'thoma e 'ʒveʃjes
director, manager	drejtor	drej'tor
engineer	inxhinier	indʒi'njer
knock off, end of work	mbarim i punës	'mbarim i 'punës
leave holiday	pushim, lejë (e zakonshme)	pu'ʃim, 'lejə (e za'konʃme)
master craftsman, foreman	mjeshtër	'mjeʃtər
night (third) shift	turni i natës (i tretë)	'turni i 'natəs (i 'tretə)
probation	stazh, kohë prove	staʒ, 'kohə 'prove
shift	turn	turn
start of work	fillim i punës	fi'llim i 'punəs
workshop, department	repart	re'part
working conditions	kushte pune	'kuʃte 'pune
working time	kohë pune	'kohə 'pune

WORK TOOLS, MACHINERY, SAFETY

ammeter	ampermetër	'amper'metər
angle	kënd	kənd
axe	sëpatë	sə'patə
bits, drills	punto	'punto

(work-) bench	tavolinë, bankë pune	tavo'linə, 'bankə 'pune
bolt	bulon	bu'llon
box, chest	arkë	'arkə
pinch bar	levë për hapjen e arkave	'levə pər 'hapjen e 'arkave
broom	fshesë	'fʃesə
bucket, container	enë, kovë, kuti	'enə, k'ovə, ku'ti
cable	kabëll	'kabəll
card index	kartotekë	karto'tekə
carriage	karro, elektrokarro	'karro, elektro'karro
chain	zinxhir	zin'dʒir
test-lamp, checker	llambë prove	'llambə 'prove
tester	indikator	indika'tor
chisel	daltë	'daltə
cleaning rag	lecka e pastrimit	'letska e pas'trimit
coolant, refrigerant	ftohës	'ftohəs
compressed air	ajër i kompresuar	'ajər i kompre'suar
conveyer	konvejer	konve'jer
detergent, cleaning agent	solucion për pastrim	soluts'jon pər pas'trim
deviation angle	kënd i shmangies	kənd i 'ʃmangies

direct, alternate current
rrymë e vazhduar, alternative
'rrymə e vaʒ'duar, alterna'tive

dividers	kompas	kom'pas
drill (electric drill)	trapan (trapan elektrik)	'trapan ('trapan elek'trik)
drop-hammer	çekan automatik	tʃe'kan automa'tik

electric power	rrymë elektrike	'rryme elek'trike
(electric) saw	sharrë (me korent)	'ʃarrə (me ko'rent)
electric motor	elektromotor	elektromo'tor
file	limë	'limə
filling (index) card	kartelë	kar'telə
fly-wheel	volant	vo'lant
fork	pirun	pi'run
fork-lift truck	pirun (vinç)	pi'run (vintʃ)
funnel	hinkë	'hinkə
fuse, safety-device	siguresë	sigu'resə
gauge, micrometer	kalibër	ka'libər
hammer	çekiç, çekan	tʃe'kitʃ, tʃe'kan
hand-brush	furçë dore	'furtʃə 'dore
hydrometer	hidrometër	hidro'metər
incandescent bulb	llambë inkande-shente	'llambə inkande-'ʃente
lathe	torno	torno
light switch	çelësi i dritave	'tʃeləsi i 'dritave
manometer	manometër	mano'metər
travelling-crane	vinç lëvizës	vintʃ lə'vizəs

measure; scale
masë, shkallëzim, pasqyrë kalibrimi
'masə, ʃkallə'zim, pas'qyrə kali'brimi

micrometer	mikrometër	mikro'metər
milling-cutter	frezë	'frezə
shifting-spanner	çelës anglez	'tʃeləs ang'lez
nail	gozhdë	'goʒdə
oil	vaj	vaj
oiler, oil-can	vajnik	vaj'nik

pick	kazmë	'kazmə
pincers	darë	'darə
pliers	pincë	'pintsə
pneumatic	çekiç	tʃe'kitʃ
hammer	pneumatik	pneuma'tik
excavator	ekskavator	ekskava'tor
pulley	makaṛa	maka'ra
pump	pompë	'pompə
repair	riparim	ripa'rim
rope	litar	li'tar
ruler	vizore	vi'zore
saw blade	fletë sharre	'fletə 'ʃarre
scaffolding	skelë	'skelə
screw	vidë	'vidə
shovel	lopatë	lo'patə
sieve	sitë	'sitə
soldering		
iron	havi	ha'vi
(electric~)	(me korent)	(me ko'rent)
(nut-) spanner	çelës poligon	'tʃeləs poli'gon
spindle,		
mandrel	mandrinë	man'drinə
mallet	çekiç druri	tʃe'kitʃ 'druri
steam roller	rul	rul
stool	stol	stol
three-phase	rrymë	rrymə
current	trifazore	trifa'zore
tin-plate,		
sheet, iron		
steel plate	llamarinë	llama'rinə
tin snips,	gërshërë	gər'ʃərə
plate shears	llamarine	llama'rine
transmission	transmision	transmi'sjon
tweezers		
(pair of)	pinceta	pin'tseta
valve	valvul	'valvul
V-belt	rrip trapezoidal	rrip trapezoi'dal
wagon	vagon	va'gon
wall socket,		
power outlet	prizë	'prizə
wheelbarrow	karrocë dore	ka'rrotsə 'dore

weld (v.)	saldoj	sal'doj
welding transformer, electric welder	saldatriçe	salda'tritʃe
winch	çikrik	tʃik'rik
wire-brush	furçë teli	'furtʃə teli

Observe the rules of safety at work!
respektoni rregullat e sigurimit teknik!
respek'toni 'rregullat e sigu'rimit tek'nik

Chief of safety at work
Shefi i sigurimit teknik
'ʃefi i sigu'rimit tek'nik

Keep quiet, please.
Ju lutem, mbani qetësi.
ju 'lutem 'mbani qetə'si

Where can I wash my hands?
Ku mund t'i laj duart?
ku mund ti laj 'duart

Switch off the current, then repair the machine.
Shkëputni rrymën pastaj rregulloni makinën.
ʃkə'putni 'rrymən pas'taj rregu'lloni ma'kinən

Danger! Take care!
Rrezik! Kujdes!
rre'zik kuj'des

Danger! High tension wires!
Rrezik vdekje! Tension i lartë!
rre'zik vdekje! ten'sjon i 'lartə

Danger of fire!	*Rrezik zjarri!*	rre'zik 'zjarri
Danger! Gas!	*Rrezik gazi!*	rre'zik 'gazi
Caution!	*Kujdes!*	kuj'des
Attention!	*Kujdes! Vini Re!*	kuj'des, 'vini 're
Alarm!	*Alarm!*	a'larm

173

No smoking	Ndalohet duhani	nda'lohet du'hani
Helmets must be worn!	Vini helmetat, kaskat!	'vini hel'metat 'kaskat
fire engine	zjarrfikëse	zjarr'fikəse
fire-brigade	reparti i zjarr-fikësve	re'parti i zjarr'fi-kəsve
fire-extinguisher	fikës	'fikəs
Put on/off:	Vini, vishni, Hiqni:	'vini, viʃni, 'hiqni
- work clothes	-rrobat e punës	'rrobat e 'punəs
- overalls	-kominoshet	komi'noʃet
- boots	-çizmet	'tʃizmet
- suit	-kostumin	kos'tumin
- goggles	-gjyslykët e punës	djys'lykət e'punəs
- mittens, protective gloves	-dorezat e punës	do'rezat e 'punəs
- jacket	-xhaketën	dza'ketən
- cap	-kapelën	ka'pelən
- sweater, pullover	-fanellën, pulo-vrën	fa'nellən, pu'lo-vrən
- protective helmet	-helmetën mbrojtëse	hel'metən 'mbrojtəse
- protective overshoes	-këpucët mbroj-tëse	kə'pucət 'mbroj-təse
- face mask	-maskën e fytyrës	'maskən e fy'tyrəs
- head scarf	-shaminë e kokës	ʃa'minə e'kokəs
- ear-muffs	-kufjet	'kufjet

The workers are provided with half a litre of milk a day.
Punëtorëve u jepet një gjysmë litri qumësht në ditë.
punə'torəve u 'jepet njə 'djysəm 'litri 'quməʃt nə 'ditə

In some work-shops they work reduced hours.
Në disa reparte punojnë me orar të reduktuar.
nə 'di'sa re'parte pu'nojnə me o'rar tə reduk'tuar

The workshops are provided with fans.
Repartet janë pajisur me ventila'torë.
re'partet 'janə pa'jisur me ventila'torə

ventilation system
sistem ventilimi, ajrimi
sis'tem venti'limi, aj'rimi

medicaments of the first aid kit
ilaçet e ndihmës së shpejtë
i'latʃet e 'ndihməs sə 'ʃpejtə

shoe-laces	*lidhëse këpucësh*	'lithəse kə'putsəʃ
thread	*pé*	pe
buttons	*kopsa*	'kopsa
patch;		
mend (v.)	*arnoj*	ar'noj
needle	*gjilpërë*	djil'pərə
scissors	*gërshërë*	gər'ʃərə
safety-pins	*paramanë*	para'manə
hair-clasp	*kapëse flokësh*	'kapəse 'flokəʃ
cloak-room	*dhomë zhveshjeje*	'thomə 'ʃveʃjeje
waste-paper	*kosha*	'koʃa
baskets	*mbeturinash*	mbetu'rinaʃ

The more carefully you observe the rules, the safer you are.
Sa më tepër të respektosh rregullat aq më i sigurt je.
sa mə 'tepər tə respek'toʃ 'rregullat aq mə i 'sigurt je

Tidy everything up before leaving.
Vendosni në rregull gjithçka para se të largoheni.
ven'dosni nə 'rregull djiθ'tʃka 'para se tə lar'goheni

26. TRAVELLING BY AIR – UDHËTIM ME AVION

Where's the air-travel agency?
Ku është agjencia ajrore?
ku 'əʃtə adjen'tsia aj'rore

Is there a (direct) flight to...?
A ka avion (direkt) për në...?
a ka a'vjon (di'rekt) pər nə

Can I book two tickets for London?
A mund të prenotoj dy bileta për në Londër?
a mund tə preno'toj dy bi'leta pər nə 'londər

A return ticket for ... for July 13.
Një biletë vajtje-ardhje për ... përdatën 13 korrik.
njə bi'leta 'vajtje arthje 'pər pər 'datən 'trembəthjetə
   ko'rrik

Does the plane stop in...?
A ndalon avioni në...?
a nda'lon av'joni nə

When does the plane from ... reach Tirana?
Kur vjen në Tiranë avioni nga...?
kur vjen nə ti'ranə av'joni nga

When does the plane take off?
Kur niset avioni?
kur 'niset av'joni

How long does it stop in...?
Sa kohë qëndron avioni në...?
sa 'kohə qən'dron av'joni nə

How much does a ticket for ... cost?
Sa kushton bileta për...?
sa ku'ʃton bi'leta pər

When will we arrive in...?
Kur mbërrijmë në...?
kur 'mbərrijmə nə

How can I go to the airport?
Si mund të shkoj deri në aeroport?
si mund tə ʃkoj 'deri nə aero'port

When must I be there?
Kur duhet të jem atje?
kur 'duhet tə jem a'tje

Where's the waiting lounge?
Ku është salla e pritjes?
ku 'əʃtə 'salla e 'pritjes

Where's the inquiry office?
Ku është zyra e informacionit?
ku 'əʃtə 'zyra e informa'tsjonit

Will the plane from ... be late today?
Do vonohet avioni nga ... sot?
do vo'nohet av'joni nga ... sot

Look, it is circling over the field.
Shiko, po fluturon mbi fushë.
ʃi'ko po flutu'ron mbi 'fuʃə

The plane made a perfect landing.
Avioni u ul shumë bukur.
av'joni u ul 'ʃumə 'bukur

It is taxiing along the runway.
Po ecën, vjen për në pistën e qëndrimit.
po 'etsən, vjen pər nə 'pistən e qən'drimit

Now it has stopped.
Ja, tani ndaloi.
ja ta'ni nda'loi

The passengers are alighting.
Pasagjerët po zbresin.
pasa'djerət po 'zbresin

Shall we weigh in the luggage?
Duhet ta peshojmë bagazhin?
'duhet ta pe'ʃojmə ba'gaʒin

How much does overweight cost?
Sa kushton mbipesha?
sa ku'ʃton mbi'peʃa

There is a charge for each kilogram overweight.
Çdo kilogram mbi peshë ka pagesë.
tʃdo kilo'gram mbi' peʃə ka pa'gesə

Do I get a luggage tag?
Do t'i vendosin ndonjë etiketë bagazhit?
do t'i ven'dosin ndo'njə eti'ketə ba'gaʒit

The plane for ... leaves in 10 minutes.
Avioni për ... niset për 10 minuta.
av'joni pər ... 'niset pər 'thjetə mi'nuta

Will passengers please proceed to the departure gate?
I lutemi pasagjerëve të dalin.
i 'lutemi pasa'djerəve tə 'dalin

The baggage is handled by the airfield people.
Për bagazhin kujdesen punëtorët e aeroportit.
pər baga'ʒin kuj'desen punə'torət e aero'portit

It began to pick up speed.
Filloi ta shtojë shpejtësinë.
fi'lloi ta 'ʃtojə ʃpejtə'sinə

Fasten the safety-belts.
Lidhni rripat e sigurimit.
'lithni 'rripat e sigu'rimit

What's the weather like in ...

Si është moti në ... ?

si 'əʃtə 'moti nə

The weather-man briefed the pilot on the weather there.

Punonjësi i sinoptikës e ka njoftuar pilotin për kohën atje.

pu'nonjəsi i sinop'tikəs e ka njof'tuar pi'lotin pər kohən a'tje

Take it, it's against air-sickness.

Merreni, është kundër të përzierit.

'merreni 'əʃtə 'kundər tə pər'zierit

I have to cancel the flight.

Më duhet ta anulloj udhëtimin.

mə 'duhet ta anu'lloj uthə'timin

aircraft, air-liner

aeroplan, avion passagjerësh

aero'plan, av'jon pasa'djerəʃ

air, airline company	*shoqëri ajrore*	ʃoqə'ri aj'rore
altitude	*lartësi*	lartə'si
aircrash, air disaster	*aksident ajror*	aksi'dent aj'ror
airport, airfield	*aeroport*	aero'port
airsickness	*të përzier*	tə pər'zier
arrival, landing	*mbërritje, ulje*	'mbərritje, 'ulje
booking	*prenotim*	preno'tim
captain, first-pilot	*kapiteni*	kapi'teni
cargo	*ngarkesa, bagazhi i avionit*	ngar'kesa, ba'gaʒi i av'jonit

cockpit, pilot's		
cabin	*kabina e pilotit*	ka'bina e pi'lotit
air-crew	*ekuipazhi i*	ekui'paʒi i
	avionit	av'jonit
departure	*nisje*	'nisje
emergency	*dalje në rast*	'dalje nə rast
exit	*rreziku*	rre'ziku
engine	*motor*	mo'tor
flight	*fluturim,*	flutu'rim,
	udhëtim	uthə'tim
	me avion	me av'jon
flight	*orari i*	o'rari i
schedule	*avionëve*	av'jonəve
fly (v.)	*fluturoj*	flutu'roj

flying distance, time
distanca, koha e fluturimit
dis'tantsa, 'koha e flutu'rimit

helicopter	*helikopter*	helikop'ter
jet plane	*aeroplan*	aero'plan
	reaktiv	rea'ktiv
land (v.)	*ulem, zbres*	'ulem, zbres
		('ulet, zbret)
landing		
wheels	*rrotat*	'rrotat
passenger	*pasagjer*	pasa'djer
pilot	*pilot*	pi'lot
ramp	*shkalla*	'ʃkalla
	(e avionit)	(e av'jonit)
(concrete)	*pistë (prej*	'pistə (prej
runway	*betoni)*	be'toni)
safety, seat		
belt	*rripi i sigurimit*	'rripi i sigu'rimit
speed	*shpejtësi*	ʃpejtə'si
stewardess,		
air-hostess	*stjuardesë*	stjuar'desə
transit stop,		
intermediate		
landing	*ndalesë*	nda'lesə

supersonic airliner
avion supersonik pasagjerësh
av'jon superso'nik pasa'djerəʃ

take off (v.)	*niset*	'niset
tail	*bisht*	'biʃt
wing	*krah (i avionit)*	krah (i av'jonit)

27. TRAVELLING BY SEA – UDHËTIM ME VAPOR

Shall we go on a cruise?
A bëjmë një udhëtim me anije?
a 'bəjmə njə uthə'tim me a'nije

Where's the shipping agency?
Ku është agjencia detare?
ku 'əʃtə adjen'tsia de'tare

When is «Punëtori» due here?
Kur arrin motobarka «Punëtori»?
kur a'rrin moto'barka «punə'tori»

Can I have a look at the time-table?
A mund ta shoh pak orarin?
a mund ta ʃoh pak o'rarin

Can I buy return tickets?
A mund të biej bileta vajtje-ardhje?
a mund tə blej bi'leta 'vajtje-'ardhje

How long does it take to sail to...?
Sa kohë mban lundrimi deri në...?
sa 'kohə mban lun'drimi 'deri nə

When do we sail?
Kur do nisemi?
kur do 'nisemi

When must we be on board?
Kur duhet të jemi në anije?
kur 'duhet tə 'jemi nə a'nije?

It left at ...
Anija u nis në orën ...
a'nija u nis nə 'orən

It has just left for Vlora.
Sapo është nisur për Vlorë.
sa'po 'əʃtə 'nisur pər 'vlorə

It picks up and drops passengers, cargo and mail.
Ajo merr dhe lë pasagjerë, mallra dhe postën.
ajo merr e lə pasa'djerə, 'mallra the 'postən.

Is it entering the harbour?
Mos është duke hyrë në port?
mos 'əʃtə 'duke 'hyrə nə port

It is lowering/raising the gangway.
Po ul, ngre shkallën.
po ul, ngre 'ʃkallən

Weigh, drop anchor!
Ngrini, ulni spirancën!
'ngrini, 'ulni spi'rantsən

Are you a good, poor sailor?
A të zë deti, apo s'do t'ia dish?
a tə zə 'deti, apo 'sdo tja diʃ

Do you feel sea-sick?
Mos të ka zënë gjë deti?
mos tə ka'zənə djə 'deti

Did you have a rough, smooth voyage?
Si udhëtuat, në det të qetë apo me dallgë?
si uthə'tuat, me det tə 'qetə a'po me 'dallgə

I weathered the storm.
I rezistova furtunës.
i rezis'tova fur'tunəs

Here is the hold.
Këtu është hambari.
ke'tu 'əʃtə ham'bari

Can we go up on deck?
A mund të dalim në kuvertë?
a mund tə 'dalim nə ku'vertə

Yes, but don't leave the portholes open.
Mirë, po mos i lini hapur dritaret e kabinave.
'mirə, po mos i 'lini 'hapur dri'taret e ka'binave

We'll land in ... in one hour.
Për një orë zbresim në ...
pər njə' orə 'zbresim nə

Listen, the siren is going.
Dëgjo, po bie sirena.
də'djo, po 'bie si'rena

The ship has just docked.
Anija sapo hyri, ndaloi në port.
a'nija 'sapo 'hyri, nda'loi nə port

Did you have a good voyage?
Udhëtuat mirë?
uthə'tuat 'mir'ə

Oh, yes, a very comfortable one.
Mjaft rehat.
mjaft re'hat

anchor	*spirancë*	spi'rantsə
barge	*maunë*	ma'unə
berth	*vendlidhje e anijes.*	,vend'lithje e a'nijes
board	*bordo*	'bordo
deck officer	*oficer i kuvertës*	ofi'tser i ku'vertəs
boat	*varkë*	'varkə
- fishing boat; trawler	- *varkë, anije peshkimi*	'varkə, a'nije peʃ'kimi
- life boat	- *varkë shpëtimi*	'varkə ʃpə'timi

English	Albanian	Pronunciation
- motor boat	- varkë me motor	'varkə me mo'tor
- sailing	- varkë me vela	'varkə me 'vela
boatswain	nostrom, bocman	nos'trom, bots'man
bow	bashi	'baʃi
breeze	fllad deti	fllad' 'deti
cabin, compartment	kabinë	ka'binə
call at (v.)	ndaloj në port	nda'loj nə port
channel, narrows, straits	kanal, ngushticë	ka'nal, ngu'ʃtitsə
captain	kapiten	kapi'ten
- captain's cabin	- kabina e kapitenit	ka'bina e kapi'tenit
- captain's mate	- oficer i parë	ofi'tser i 'parə
coast, shore	bregdet	breg'det
course	kurs	kurs
crew	ekuipazh	ekui'paʒ
dock	kuvertë	ku'vertə
- foredeck	- parakuvertë	- paraku'vertə
- main deck	- kuverta qen-drore	- ku'verta qən 'drore
dining room	salla e ngrënies	'salla e ngrənjes
flag	flamur	fla'mur
gangway	shkalla e vaporit	'ʃkalla e va'porit

go ashore (v.), land (v.)

dal në breg, zbres në tokë

dal nə breg, zbres nə 'tokə

English	Albanian	Pronunciation
harbour, port	port	port
helmsman	timonier	timo'njer
high, rough sea	det me dallgë	˙det me 'dallgə
isle, island	ishull	'iʃull
knot	nyje	'nyje
life buoy	gomë shpëtimi	'gomə ʃpə'timi
light-house	far	far
lounge, day-room	dhoma e ndenjes	'thoma e 'ndenjes
mast	direk	di'rek

oar	lopatë, rrem	lo'patə, 'rrem
passenger	pasagjer	pasa'djer
port tariff	tarifa, taksa e	ta'rifa, 'taksa e
	portit	'portit
propeller	helikë	he'likə
put to sea, set		
sail for	niset për	'niset pər
railing	parmak	par'mak
rope, cable	litar, kabëll,	li'tar, 'kabəll,
	ballamar	balla'mar
rudder	timon	ti'mon
sailor	marinar	mari'nar
sea	det	det
- open sea	det i hapur	det i 'hapur
sea route	rrugë detare	'rrugə de'tare
shipping		
company	shoqëri detare	ʃoqə'ri de'tare
steamer	avullore	avu'llore
stern	pupë	'pupə
tallyman,	përgjegjës i	pər'djedjəs i ba'
cargo-checker	bagazhit	gaʒit
tug	rimorkiator	rimorkja'tor
voyage	udhëtim,	uthə'tim,
	shëtitje	ʃə'titje me
	me anije	a'nije
wave	valë, dallgë	'valə, 'dallgə
wharf	bankinë	ban'kinə
wheel house	bordi i	'bordi i
	drejtimit	drej'timit
yacht	jaht	jaht

28. TRAVELLING BY CAR – UDHËTIM ME MAKINË

Where's the travel agency?
Ku është agjencia e pasagjerëve?
ku 'əʃtə adjen'tsia e pasa'djerəve

Where's the taxi rank?
Ku është vendqëndrimi i taksive?
ku 'əʃtə vendqənd'rimi i tak'sive

I've come by bus, car.
Unë kam ardhur me autobus, veturë.
'unə kam 'arthur me auto'buz, ve'turə

That's my car.
Ajo është vetura ime.
a'jo 'əʃtə ve'tura 'ime

Do you have a driving license?
A keni patentë makine?
a 'keni pa'tentə ma'kine

No, I don't, do you?
Jo, po ju?
jo, po ju

Where's the bus-stop?
Ku është stacioni i autobusit?
ku 'əʃtə sta'tsjoni i auto'buzit

When does the first, second bus leave for...?
Kur niset autobusi i parë, i dytë për në...?
kur 'niset auto'buzi i 'parə, 'dytə pər nə

Which bus goes to ...?
Cili autobus shkon në...?
'tsili auto'buz ʃkon nə

What bus is this?
Për ku shkkon ky autobus?
pər ku ʃkon ky auto'buz

Is this bus going to Saranda?
Ky autobus shkon në Sarandë?
ky auto'buz ʃkon nə sa'randə

Where's the ticket office?
Ku shiten biletat?
ku 'ʃiten bi'letat

Where is the time-table?
Ku është orari i nisjes?
ku 'əʃtə o'rari i 'nisjes

A ticket for ... please.
Ju lutem, një biletë pëe ...
Ju 'lutem njə bi'letə pər

Two to Korça and return please.
Dy vajtje-ardhje për Korçë.
dy 'vajtje 'arthje pər 'Kortʃə

How far is Gjirokastra from here?
Sa mban që këtu në Gjirokastër?
sa mban qə kə'tu nə djiro'kastər

Can you show me on the map?
A mund të ma tregoni në hartë?
a mund tə ma tre'goni nə 'hartə

Do we stop at Fieri?
A do të ndalemi në Fier?
a do tə 'ndalemi në 'fier

Where is seat No. 15?
Ku është numri pesëmbëdhjetë?
ku 'əʃtə 'numri pesəmbə'thjetə

Is this seat free?
I lirë është ky vend?
i 'lirə 'əʃtə ky vend

This is my seat.
Ky është vendi im.
ky 'əʃtə 'vendi im

I nearly missed the bus.
Për pak sa nuk më la autobusi.
pər pak sa nuk mə la auto'buzi

Do you mind my opening, closing the window?
A mund ta hap, mbyll dritaren?
a mund ta hap, mbyll dri'taren

No, please do.
Posi jo.
po'si jo

Move to the front, please.
Kaloni përpara, ju lutem.
ka'loni pər'para, ju 'lutem

Could we change seats, please?
A mund ta ndërrojmë vendin, ju lutem?
a mund ta ndə'rrojmə 'vendin, ju 'lutem

I would like a seat facing the engine.
Dëshiroj të ulem me fytyrë para.
dəʃi'roj tə 'ulem me fy'tyrə 'para

Where are we now
Ku jemi këtu?
ku 'jemi kə'tu

May we make a brief stop here?
A bëjmë një ndalesë të vogël këtu?
a 'bəjmə njə nda'lesə tə 'vogəl kə'tu

Can we take some pictures here?
A mund të bëjmë disa fotografi këtu?
a mund tə bəjmə di'sa fotogra'fi kə'tu

How far is Pogradec from here?
Sa larg është Pogradeci prej këtu?
sa larg 'əʃtə pogra'deci prej kə'tu

How long shall we stay here?
Sa do të qëndrojmë këtu?
sa do tə qənd'rojmə kə'tu

How can I go to...?
Si mund të shkoj në...?
si mund tə ʃkoj nə

When shall we arrive in Tirana?
Kur do të arrijmë në Tiranë?
kur do tə a'rrijmə nə ti'ranə

I am travelling to Tirana.
Po udhëtoj për në Tiranë.
po uthə'toj pər nə ti'ranə

Is this the road to Tirana?
Për ku të çon kjo rrugë, në Tiranë?
pər ku tə tʃon kjo 'rrugə, nə ti'ranə

Are you going, driving to...?
Mos shkoni gjë për në...?
mos 'ʃkoni djə pər nə

In this direction.
Në këtë drejtim.
nə kə'tə drej'tim

Shall I drive straight ahead?
Të vazhdoj drejt përpara?
tə vaʒ'doj drejt pər'para

Please, no stopping here.
Ju lutem, këtu është ndalim qëndrimi.
ju 'lutem, kə'tu 'əʃtə nda'lim qən'drimi

Turn to the left.
Kthehu majtas.
'kθehu 'majtas

Second traffic sign on the right.
Tabela e dytë në të djathtë.
ta'bela e 'dytə nə tə 'djaθtə

Don't drive in reverse, turn around.
Mos ec mbrapa, ktheu mbrapsht.
mos ets 'mbrapa, 'kθeu mbrapʃt

What's the speed limit in Albania?
Sa është shpejtësia maksimale e lejueshme në Shqipëri?
sa 'əʃtə ʃpejtə'sia maksi'male e le'jueʃme nə ʃqipə'ri

Is overtaking, passing forbidden?
Lejohet parakalimi?
le'johet paraka'limi

Is passing on the right allowed?
A lejohet kalimi djathtas?
a le'johet ka'limi 'djaθtas

Is this the second to last stop?
Ky është stacioni i parafundit?
ky 'əʃtə sta'tsjoni i para'fundit

Shall we get off, on?
A të zbresim, hipim?
a tə 'zbresim, 'hipim

We had a very good trip.
Bëmë një udhëtim shumë të mirë.
'bəmə njə uthə'tim 'ʃumə tə 'mirə

The driver was very good and careful.

Shoferi ishte shumë i mirë, i kujdesshëm.

ʃoˈferi ˈiʃte ˈʃumə i ˈmirə, i kujˈdesʃəm

arrival	*mbërritja*	mbəˈrritja
automobile	*makinë, automobil*	maˈkinə, automoˈbil
bicycle	*biçikletë*	bitʃikˈletə
break (v.n.),		
put on the	*frena (n.),*	ˈfrena,
breaks	*frenoj (v)*	freˈnoj
bus	*autobus*	autoˈbuz
bypass, detour	*devijim*	deviˈjim
car, motor-car	*veturë*	veˈturə
caravan, car-	*kabinë e*	kaˈbinə e
wagon	*rimorkjuar*	rimorkˈjuar
crossing, junction	*kryqëzim*	kryqəˈzim
delivery van, tanker truck		
makinë furnizimi, çisternë		
maˈkinə furniˈzimi, tʃisˈternə		
departure	*nisje*	ˈnisje
direction		
indicator	*udhë-treguese*	ˈuthə treˈguese
fast, slowly	*shpejt, ngadalë*	ʃpejt, ngaˈdalə
journey trip,	*udhëtim (me*	uthəˈtim (me
drive	*makinë)*	maˈkinə)
lane	*korsi*	korˈsi
lorry, truck	*kamion*	kamˈjon
maximum	*shpejtësia*	ʃpejtəˈsia
speed limit	*maksimale*	maksiˈmale
motorcycle	*biçikletë me*	bitʃiˈkletə me
	motor;	moˈtor;
	motoçikletë	motorʃiˈkletə
pass	*qafë (mali)*	ˈqafə (ˈmali)
passing, over-		
taking	*parakalim*	parakaˈlim
right-of-way	*të drejtë kalimi,*	tə ˈdrejtə kaˈlimi,
	rruge	ˈrruge
road, street,		
way	*rrugë*	ˈrrugə
-main road	*-rrugë kryesore*	ˈrrugə kryeˈsore

road signs	*tabela*	ta'bela
	qarkullimi	qarku'llimi
semaphore	*semafor*	sema'for
scooter	*motoçikletë*	mototʃik'letə
winding road	*rrugë*	'rrugə
	gjarpërushe,	djarpə'ruʃe,
	me kthesa	me 'kθesa
stop (n.v.)	*ndalim (n),*	nda'lim,
	ndaloj (v)	nda'loj
motorway	*autostradë*	autos'tradɔ
traffic	*trafik,*	tra'fik,
	qarkullim	qarku'llim
	rrugor	rru'gor
traffic police	*policia rrugore*	poli'tsia rru'gore
traffic rules	*rregullat e qarku-*	'rregullat e qar-
	llimit rrugor	ku'llimit rru'gor
trailer	*rimorkjo*	ri'morkjo
travel, journey	*udhëtim*	uthə'tim
tunnel	*tunel*	tu'nel
turn, bend,	*kthej (v);*	kθej (v);
corner (v.n.)	*kthesë (n)*	'kθesə
vehicles	*automjete*	auto'mjete

PARKING FILLING STATION

Is there any parking (-place) roundabout?
A ka ndonjë vend-parkimi këtej rrotull?
a ka ndo'njə vendpar'kimi kə'tej 'rrotull

Where can I park my car?
Ku mund ta lë veturën time?
ku mund ta lə ve'turən 'time

Is there any garage here?
A ka ndonjë garazh këtu?
a ka ndo'njə ga'raʒ kə'tu

How long can I park my car here?
Sa mund ta lë veturën këtu?
sa mund ta lə veturən kə'tu

193

What's the parking charge for one night?
Sa është tarifa e parkimit për një natë?
sa 'əʃtə ta'rifa e par'kimit pər njə 'natə

When do you close?
Kur e mbyllni?
kur e 'mbyllni

Are you open at night?
Po natën hapur jeni?
po 'natən 'hapur 'jeni

I leave tomorrow morning at ...
Unë largohem nesër në mëngjes në ...
unə lar'gohem 'nesər nə mən'djes nə

No parking here.
Ndalohet lënia e makinave këtu.
nda'lohet 'lənia e ma'kinave kə'tu

Don't block the passage.
Mos pengoni, bllokoni kalimin.
mos pe'ngoni, bllo'koni ka'limin

You see, I'm held up by the red light.
Më bllokoi drita e kuqe e semaforit.
mə bllo'koi 'drita e 'kuqe e sema'forit

Don't you see the sign?
Nuk e shikoni tabelën?
nuk e shi'koni ta'belən

Get into the lane and stop two kilometres further on.
Futu në radhë e qëndro 2 kilometra më tutje.
'futu nə 'rathə e qən'dro dy kilo'metra mə 'tutje

Is this a construction site here?
Kantier ndërtimi është këtu?
kan'tjer ndər'timi 'əʃtə kə'tu

What are the parking hours?
Cilat janë oreë e parkimit?
'tsilat 'janə 'orət e par'kimit

Look, here is a car-park.
Këtu qenka një vendqëndrim për vetura.
kə'tu 'qənka njə vendqən'drim pər ve'tura

Where's the next filling station?
Ku është pika tjetër e furnizimit me karburant?
ku 'əʃtə 'pika 'tjetər e furni'zimit me karbu'rant

30 litres motor-spirit, petrol please.
30 litra benzinë, ju lutem.
'trithjeta 'litra ben'zinə, ju 'lutem

60 litres of Diesel, please.
60 litra naftë, ju lutem.
'djaʃtəthjetə 'litra 'naftə, ju 'lutem

Can you fill it up?
A ka mundësi ta mbushni plot?
a ka mundə'si ta 'mbuʃni plot

Do you have high-octane benzine?
A keni benzol?
a 'keni ben'zol

Can you fill it up with cooling water?
A mund t'i hidhni pak ujë për ftohje?
a mund ti 'hithni pak 'ujə pər 'ftohje

Can you fill this petrol-can, too?
A mund ta mbushni edhe këtë bidon, ju lutem?
a mund ta 'mbuʃni 'ethe kə'tə bi'don, ju 'lutem

Fill it up with oil, please.
Mbushe me vaj, të lutem.
'mbuʃe me vaj, tə 'lutem

Can you change the oil?
A mund t'i ndërroni vajin?
a mund ti ndə'rroni 'vajin

Can you check the oil level?
A mund ta kontrolloni nivelin e vajit?
a mund ta kontro'lloni ni'velin e 'vajit

Is there enough oil?
A mjafton vaji që ka?
a mja'fton 'vaji qə ka

Can I leave the car here?
A mund ta lë veturën këtu?
a mund ta lə ve'turən kə'tu

Will you give my car a wash-down, please.
A mund të ma lani veturën, ju lutem?
a mund tə ma 'lani ve'turən, ju 'lutem

filling, petrol station
pikë furnizimi me karburant
'pikə furni'zimi me karbu'rant

petrol, motor		
spirit	*benzinë*	ben'zinə
high octane		
benzine	*benzol*	ben'zol
diezel fuel, oil	*naftë*	'naftə
petrol can	*bidon nafte, ben-zine*	bi'don 'nafte, ben'zine
water	*ujë*	'ujə
- cooling water	*-ujë për ftohje*	'ujə pər 'ftohje
- distilled water	*-ujë i distiluar*	'ujə i disti'luar
oil	*vaj*	vaj
-gear-box oil	*-vaj i kamjos*	vaj i 'kamjos
-engine oil	*-vaj i motorit*	vaj i mo'torit

CAR-REPAIR SHOP

There is something wrong with the engine. It won't start.

Ka një defekt motori. Nuk punon.

ka njə di'fekt mo'tori nuk pu'non

Do you have spare parts for...?

A keni pjesë ndërrimi për...?

a 'keni 'pjesə ndə'rrimi pər

When will you have the spare parts?

Kur ju vijnë pjesët e ndërrimit?

kur ju 'vijnə 'pjesət e ndə'rrimit

Please, do the most necessary repairs.

Ju lutem, bëjini riparimet më të nevojshme.

ju 'lutem 'bəjini ripa'rimet mə tə ne'vojʃme

How much is it?

Sa kushton?

sa kuʃ'ton

I had a bump on the side-panel

Pata një përplasje anash.

'pata njə pər'plasje 'anaʃ

I damaged the body-work.

Dëmtova karrocerinë.

dəm'tova karrotse'rinə

It has a broken spring.

I është thyer një balestër.

i 'əʃtə 'thyer njə ba'lestər

There is something wrong with the fuel pump.

Ka një defekt pompa e benzinës, naftës.

ka njə di'fekt 'pompa e ben'zinəs, 'naftəs

The battery is flat, it needs recharging.
Ka rënë bateria, duhet ngarkuar.
ka'rənə bate'ria, 'duhet ngar'kuar

Can you check the brakes, please?
A ka mundësi t'i shikoni pak frenat?
a ka mundə'si ti ʃi'koni pak 'frenat

Will you check the level of the brake fluid?
Kontrollojeni nivelin e alkoolit të frenave.
kontro'llojeni ni'velin e al'kolit tə 'frenave

The brakes don't work.
Nuk mbajnë, punojnë frenat.
nuk 'mbajnə pu'nojnə 'frenat

The brakes are too slack, overtightened.
Frenat janë shumë të lira, të shtrënguara.
'frenat 'janə 'ʃumə tə 'lira, tə ʃtrən'guara

The engine is labouring, not running smoothly.
Motori punon rëndë.
mo'tori pu'non ' rəndə

The motor cuts out, stops.
Më fiket motori.
mə 'fiket mo'tori

Will you check, clean the carburetor?
A mund ta shikoni, pastroni karburatorin?
a mund ta ʃi'koni, 'pas'troni karbura'torin

Should I change the spark plug?
Mos duhet t'i ndërroj kandelen?
mos 'duhet ti ndə'rroj kan'delen

The motor won't pull. It overheats.
Motori nuk tërheq. Nxehet shumë.
mo'tori nuk tər'heq. 'ndzehet 'ʃumə

There is a knock in the motor.
Motori ka rrahje.
mo'tori ka 'rrahje

Shall I start the engine?
Ta ndez makinën?
ta ndez ma'kinən

Open the throttle.
Jepi gaz.
'jepi gaz

Take your foot off the throttle.
Hiqeni këmbën nga gazi, uleni gazin.
'hiqeni 'kəmbən nga ' gazi, 'uleni 'gazin

It won't go into gear.
Nuk merr marsh.
nuk merr marʃ

I can't put it into gear.
Nuk i fus dot marshin.
nuk i fus dot 'marʃin

I can't change into second, top gear.
Nuk i fus dot marshin e dytë, të fundit.
nuk i fus dot 'marʃin e 'dytə, tə 'fundit

The gear-box leaks oil.
Kamjo pikon vaj.
'kamjo pi'kon vaj

The lights don't work.
Nuk punojnë dritat.
nuk pu'nojnə 'dritat

The lights don't dip.
Nuk ndërrohen dritat.
nuk ndə'rrohen 'dritat

The dip switch doesn't work properly.
Çelësi i ndërrimit të dritave nuk punon mirë.
'tʃələsi i ndə'rrimit tə 'dritave nuk pu'non 'mirə

The heater doesn't work.
Nuk punon sistemi i ngrohjes.
nuk pu'non sis'temi i 'ngrohjes

The clutch doesn't disengage.
Nuk ndan friksioni.
nuk ndan frik'sjoni

Could you lend me...?
A mund të më huani...?
a mund tə mə 'huani

I need a ...
Unë dua një ...
'unə 'dua njə

It also needs lubricating, doesn't it?
Ka nevojë dhe për grasatim, apo jo?
ka ne'vojə 'ethe pər grasa'tim, 'apo jo

When will it be ready, please?
Kur është gati, ju lutem?
kur 'əʃtə 'gati, ju 'lutem

All right, it will be ready in three days.
Mirë, për tri ditë është gati.
'mirə pər tri 'ditə 'əʃtə 'gati

The tyre has gone flat.
Është shpuar goma.
'əʃtə 'ʃpuar 'goma

Can you vulcanize, repair it?
A mund ta vullkanizoni, ripa'roni?
a mund ta vullkani'zoni, ripa'roni

Can you patch this inner tube?
A mund ta ngjisni këtë kamerdare?
a mund ta 'ndjisni kə'tə kamer'dare

Would you change this tire, please?
A mund ta ndërroni këtë gomë, ju lutem?
a mund ta ndə'rroni kə'tə 'gomə, ju 'lutem

A new inner tube, please.
Një kamerdare të re, ju lutem.
njə kamer'dare tə re, ju 'lutem

Can I pump it up?
A mund ta fryj pak?
a mund ta fryj pak

Will you put the spare wheel on for me?
A mund të më vendosësh pak gomën rezervë?
a mund tə mə ven'dosəʃ pak 'gomən re'zervə

I've had a car accident.
Pata një aksident me makinë.
'pata njə aksi'dent me ma'kinə

It was a crash.
Qe një përplasje.
qe njə pər'plasje

May I use the telephone?
A mund ta përdor telefonin?
a mund ta pər'dor tele'fonin

Can you inform the traffic police?
A ka mundësi të lajmëroni policinë rrugore?
a ka mundə'si tə lajmə'roni poli'tsinə rru'gore

It's an urgent case.
Është një rast urgjent.
'əʃtə njə rast ur'djent

Help me, please.
Ndihmomëni pak, ju lutem.
'ndih'moməni pak, ju 'lutem

Please, give me a lift in your car.
Ju lutem, më merrni në makinën tuaj.
ju 'lutem mə 'merrni nə ma'kinən 'tuaj

Can you tow my car?
A mund të më rimorkioni?
a mund tə mə rimor'kjoni

It was your fault.
Ju e kishit fajin.
ju e 'kiʃit ' fajin

I had the right to overtake.
Unë e kisha të drejtën e parakalimit.
'unə e 'kiʃa tə 'drejtən e paraka'limit

Didn't you hear me tooting?
Nuk e dëgjuat borinë?
nuk e də'djuat bo'rinə

Were you an eye-witness?
Mos ishit gjë dëshmitar atje?
mos 'iʃit djə dəʃmi'tar a'tjə

Can you testify to that?
A mund të dëshmoni për atë?
a mund tə dəʃ'moni pər a'tə

Do you accept the blame?
E pranoni fajësinë?
e pra'noni fajə'sinə

The brakes were faulty.
E kishin fajin frenat.
e 'kiʃin 'fajin 'frenat

There was nothing I could do.
Nuk kisha çfarë t'i bëja.
nuk 'kiʃa 'tʃfarə ti 'bəja

ROAD SIGNS

Curve, bend	*Kthesë*	'kθesə
Turn right, left	*Kthehu*	'kthehu
	djathtas,	'djathtas,
	majtas	'majtas
Caution!		
Attention!	*Kujdes!*	kuj'des

Caution! Construction Site!
Kujdes! Kantier ndërtimi!
kuj'des, kan'tjer ndər'timi

Manned, unmanned railway crossing!
Vendkalim treni i ruajtur, i paruajtur.
vendka'lim 'treni i 'ruajtur, i 'paruajtur

Level crossing!	*Kalim mbi shina!*	ka'lim mbi 'ʃina
Beware, railway!	*Kujdes, treni!*	kuj'des, 'treni
Danger, slippery surface!	*Kujdes, rrëshqitje!*	kuj'des rrə'ʃqitje
Stop!	*Ndal!*	ndal
Cross roads	*Udhëkryq*	uthə 'kryq
Hospital	*Spital*	spi'tal
Parking	*Vend parkimi*	vend par'kimi
No stopping!	*Ndalim qendrimi!*	nda'lim qənd'rimi
Main road	*Rrugë kryesore*	'rrugə krye'sore
Filling, petrol station	*Pikë furnizimi*	'pikə furni'zimi
Post Office	*Postë-telegraf*	'postə-tele'graf
Warning triangle	*Trekëndësh paralajmërues*	tre'kəndəʃ paralajmə'rues
accelerator	*pedal i gazit*	pe'dal i 'gazit

accelerator pedal, throttle
Pedali i, doreza e gazit
pe'dali i, do'reza e 'gazit

air filter	*filtri i ajrit*	'filtri i 'ajrit
air pump	*pompa e ajrit*	' pompa e 'ajrit
automatic gear	*kamjo*	'kamjo
change	*automatike*	automa'tike
automobile	*makinë, automobil*	ma'kinə,
		automo'bil
axle, rigid axle	*aks, bosht*	aks, boʃt
ball/roller	*kushinetë me*	kuʃi'netə
bearing	*sfera*	me'sfera
battery	*bateri*	bate'ri
blinker, direc-	*sinjalet anësore*	si'njalet anə'sore
tion indicator		
body	*karroceri*	karrotse'ri
bolt	*bullon*	bu'llon

boot-lid, trunk-lid
kapaku i bagazhit të makinës
ka'paku i ba'gaʒit tə ma'kinəs

Brake, stop,		
put on the		
brakes (v.)	*frenoj*	fre'noj
brakes (n.)	*frena*	'frena
-brake drum	*-tamburi i*	tam'buri i
	frenave	'frenave
-brake fluid	*-alkooli i*	al'koli i
	frenave	'frenave
-brake pedal	*-pedali i*	pe'dali i
	frenave	'frenave
-brake lining	*-ferrota*	fe'rrota
-disk brakes	*-frena me*	'frena me
	disqe	'disqe
-foot brakes	*-frena këmbe*	'frena ' kəmbe
-hand brakes	*-frena dore*	'frena 'dore
bumper	*parakolp*	para'kolp
camshaft	*boshti me*	'boʃti me
	gunga	'gunga
car	*veturë*	ve'turə
carburetor	*karburator*	karbura'tor

cardan, drive shaft	boshti i transmisionit	'boʃti i transmis' 'jonit
car key	çelësi i veturës	'tʃeləsi i ve'turəs
car steering mechanism	mekanizmi i drejtimit	meka'nizmi i drej'timit
chassis-frame	shasi	ʃa'si
clutch	friksioni	frik'sjoni
-clutch pedal	-pedali i friksionit	pe'dali i friks'jonit
connecting rod	bjellë	'bjellə
crankshaft	kollodok	kollo'dok
cylinder	cilindër	tsi'lindər
-cylinder head gasket	-guarnicion testate	guarni'tsjon tes'tate
differential	diferencial	diferen'tsjal

dipper switch
çelësi i ndërrimit të dritave
'tʃeləsi i ndə'rrimit tə 'dritave

direction	drejtim	drej'tim
distributor	distributor	distribu'tor

driving rear-view mirror
pasqyrë për të parë mbrapa
pas'qyrə pər tə 'parə 'mbrapa

engine	motor	mo'tor
exhaust, tail pipe	skapamento, marmitë	skapa'mento, mar'mitə
gasket	guarnicion	guarni'tsjon
gear	marsh	marʃ
-gear lever	-leva e marsheve	'leva e 'marʃeve
-first, low gear	-marsh i parë	marʃ i 'parə
-top gear	-marsh i fundit	marʃ i 'fundit
-back, reverse gear	-marsh mbrapa	marʃ 'mbrapa
handle	dorezë	do'rezə
heating	ngrohje	'ngrohje
-heating system	-sistem i ngrohjes	sis'tem i 'ngrohjes
horn	bori	bo'ri
hub cap	tasi i rrotave	'tasi i 'rrotave

idling, idle run	*afoljo, punon në afoljo*	a 'foljo, pu'non nə a'foljo
ignition	*kuadri*	ku'adri
-ignition key, switch	-*çelësi i kuadrit*	'tʃeləsi i ku'adrit
inner tube	*kamerdare*	kamer'dare
lacquer	*llak*	llak
lamp bulb	*llambë*	'llambə
light system	*sistemi i ndriçimit*	sis'temi i ndri'tʃimit
-headlights	-*drita*	'drita
-dipped, short-range beam	-*drita të shkurtra*	'drita tə 'ʃkurtra
-full beam	-*drita të gjata*	'drita tə 'djata
-stop lights	-*stopa*	'stopa
-parking light	-*drita e parkimit*	'drita e par'kimit
lubricant	*graso*	'graso
lubricate (v.)	*grasatoj*	grasa'toj
lubricating points	*pikat e grasatimit*	'pikat e grasa'timit
mileometer, odometre	*kilometrazhi*	kilome'traʒi
motor, engine	*motor*	mo'tor
-Diesel motor	-*motor dizel*	mo'tor 'dizel

-two, four stroke motor
-*motor me dy, katër kohë*
mo'tor me dy, 'katər 'kohə

mudguard, wing	*parafangë*	para'fangə
number plate	*targa*	'targa
oil dip stick	*nivelatori i vajit*	nivela'tori i 'vajit
oil pump	*pompa e naftës*	'pompa e 'naftəs
petrol guage	*drita, sinjali i benzinës*	'drita, si'njali i ben'zinəs
piston	*piston*	pis'ton
-piston ring	-*fasho*	'faʃo

puncture, blow-out	çarje gome, skop-jo	'tʃarje 'gome, 'skopjo
repair (v.)	riparoj	ripa'roj
roof, top	mbulesa, tavani	mbu'lesa, ta'vani
safety-belt	rripi i sigurimit	'rripi i sigu'rimit
seat	sedilje	se'dilje
-front, back seat	sedilje para, mbrapa	se'dilje 'para 'mbrapa
shock absorber	amortizator	amortiza'tor
spare parts	pjesë ndërrimi	'pjesə ndə'rrimi
speedometer	kilometrazhi	kilome'traʒi
spark plug	kandele	kan'dele
starter (button)	butoni i kuadrit	bu'toni i ku'adrit
suspension, spring	sustë, balestër	'sustə, ba'lestər
thermostat	termostat	termos'tat
towrope	litar, kabëll	li'tar, 'kabəll
tire	gomë	'gomə
tire pressure	presion i gomës	pres'jon i 'goməs
wheel	rrotë	'rrotə
-front, back/ rear wheel	-rrotë e parë, e pasme	'rrotə e 'parə e 'pasme
-spare wheel	-rrotë rezervë	'rrotə re'zervə
windscreen	xhami përpara	'dʒami pər'para
windscreen wiper	fshirësja e xhamit	'fʃirəsja e 'dʒamit
valve	valvul	'vavul

THE TOOL-BOX

bolt, screw	bulon, vidë	bu'lon, 'vidə
cotton waste	leckë pambuku	'leckə pam'buku
file	limë	'limə
funnel	hinkë	'hinkə
hammer	çekiç	tʃe'kitʃ
jack	krik	'krik
packthread, string	spango	'spango
pincers	darë	'darə
pliers	pinca	'pintsa

207

(ring) spanner	çelës poligon	'tʃeləs poli'gon
sand paper	letër zumpara	'letər zumpa'ra
screw driver	kaçavidë	katʃa'vidə
wire	tel	tel
-length of wire	-një copë tel	njə 'tsopə tel
slip-joint pliers	çelës papagall	'tʃeləs papa'gall

29. HEALTH SERVICE –
SHËRBIMI MJEKËSOR

I need a doctor, please.
Kam nevojë për një mjek, ju lutem.
kam ne'vojə pər njə mjek, ju 'lutem

Will you call a doctor, please?
A mund të më thërrisni një mjek, ju lutem?
a mund tə mə thə'rrisni njə mjek, ju 'lutem

Is there any doctor at the hotel?
A ka mjek hoteli?
a ka mjek ho'teli

Is there any doctor here who can speak English?
A ka ndonjë mjek që flet anglisht këtu?
a ka ndo'njə mjek qə flet angliʃt kə'tu

When are the doctor's visiting hours?
Kur ëshë ora e vizitave te mjeku?
kur 'əʃtə 'ora e vizi'tave te 'mjeku

Will the doctor see me here?
A mund të më vizitojë mjeku këtu?
a mund tə mə vizi'tojə 'mjeku kə'tu

When will the doctor come?
Kur do të vijë mjeku?
kur do tə 'vijə 'mjeku

Call him right now, it's urgent.
Thirreni tani, ështe urgjent.
'θirreni ta'ni 'është ur'djənt

*Before you go to the doctor, have a look at the list of
the parts of the body in order to be able to answer his
questions.*

THE BODY

abdomen, belly	bark	bark
ankle	kyç, nyell	kytʃ, 'nyell
	këmbës	'kəmbəs
arm	krah	krah
(the) back	kurrizi	ku'rrizi
backbone	shtyllë kurrizore	'ʃtyllə kurri'zore
bladder	fshikëz	'fʃikəz
blind gut	zorrë qorre	'zorrə 'qorre
bone	kockë	'kotskə
brain	tru	tru
breast	gjoks	djoks
cheek	faqe	'faqe
chest	kraharor	kraha'ror
ear	vesh	veʃ
-middle ear	-vesh i mesit	veʃ i 'mesit
elbow	bërryl	bə'rryl
eye	sy	sy
-eyebrow	-vetull	'vetull
-eyelash	-qerpik	qer'pik
-eyelid	-kapak i syrit	ka'pak i 'syrit
face	fytyrë	fy'tyrə
finger	gisht	giʃt
fingernail	thua	'θua
foot, leg	këmbë	'kəmbə
forehead	ballë	ballə
hair	flokë	'flokə
hand	dorë	'dorə
heart	zemër	'zemər
heel	thembër	'θembər
hips	ijë	'ijə
intestine	zorrë	'zorrə
knee	gju	dju
knuckle	çok	tʃok
lips	buzë	'buzə
liver	mëlçi e zezë	mel'tʃi e 'zezə
loins	vithe	'viθe
lungs	mushkëri	muʃ'kəri

mouth	*gojë*	'gojə
mucosa	*mukozë*	mu'kozə
muscle	*muskul*	'muskul
nape (of the neck)	*zverk (i qafës)*	zverk (i 'qafəs)
neck	*qafë*	'qafə
nose	*hundë*	'hundə
palate	*qiellzë*	'qiellzə
skin	*lëkurë*	lə'kurə
skull	*kafkë*	'kafkə
spleen	*shpretkë*	'ʃpretkə
stomach	*stomak*	sto'mak
temple	*tëmth*	təmθ
thigh	*kofshë*	'kofʃə
throat	*fyt, gurmaz*	fyt, gur'maz
toe	*gisht i vogël i këmbës*	giʃt i 'vogəl i 'kəmbəs
tonsils	*bajame*	ba'jame
tongue	*gjuhë*	'djuhə
tooth	*dhëmb*	thəmb
vein	*venë, damar*	'venə, da'mar
vertebra	*vertebër, rruazë*	ver'tebər, rru'azə
wrist	*kyçi i dorës*	'kytʃi i 'dorəs

COMPLAINTS

I don't feel well.
Nuk ndihem mirë.
nuk 'ndihem 'mirə

I am sick.
Jam i sëmurë.
jam i sə' murə

I am not well.
Nuk jam mirë.
nuk jam 'mirə

I've a splitting headache.
Kam shumë dhimbje koke, Po më çahet koka.
kam 'ʃumə 'thimbje 'koke, po mə 'tʃahet 'koka

The nose is all clogged up.
Hundët i kam të 'zëna fare
'hundət i kam tə 'zəna 'fare

I can't stop sneezing.
Teshtij shumë shpesh.
te'ʃtij 'ʃumə ʃpeʃ

I had a running nose all week.
Më kanë kulluar hundët gjatë gjithë javës.
mə 'kanə ku'lluar 'hundət 'djatə 'djiθə 'javəs

I have difficulty in swallowing.
Mezi kapërdihem.
me'zi kapər'dihem

I have vomitted.
Kam vjellur.
kam 'vjellur

I feel sick in the stomach.
Kam një therje të fortë këtu.
kam njə 'θerje tə 'fortə kə'tu

Let me have a look at your throat.
Të shohim pak fytin.
te ʃohim pak 'fytin

Let's take your temperature.
Të masim pak temperaturën.
Tə 'masim pak tempera'turən

Shall I take the thermometer out?
Ta heq termometrin?
ta heq termo'metrin

I am running a temperature.
Paskam temperaturë.
'paskam tempera'turə

Let me feel your pulse.
T'ju mas pak pulsin.
t'ju mas pak 'pulsin

Strip to the waste and lie here.
Zhvishu deri në mes dhe shtrihu këtu.
'ʒviʃu 'deri nə mes the 'ʃtriu kə'tu

I want to listen to your lungs.
Dua t'ju dëgjoj pak mushkëritë.
'dua t'ju də'djoj pak muʃkə'ritə

You'll have to be X-rayed.
Duhet të bëni një radioskopi.
'duhet tə 'bəni njə radiosko'pi

There is a mild form of heart murmur.
Ke një zhurmë të lehtë në zemër.
ke njə 'ʒurmə tə 'lehtə nə 'zemər

Your blood pressure is normal.
Tensionin e keni normal.
tensi'onin e 'keni nor'mal

Have you ever consulted a doctor?
A jeni vizituar ndonjëherë te doktori?
a 'jeni vizi'tuar ndonjə'herə te dok'tori

What pills have you taken?
Çfarë ilaçesh keni përdorur?
'tʃfarə i'latʃeʃ 'keni pər'dorur

Is it anything serious?
Është gjë serioze?
'əʃtə djə seri'oze

Should I take any medicine?
Duhet të përdor ilaçe?
'duhet tə pər'dor i'latʃe

No, get your blood test count done first.
Jo, bëni së pari analizën e gjakut.
jo, 'bəni sə 'pari ana'lizən e 'djakut

I'll give you a prescription for pills to reduce your temperature.
Po ju jap një recetë me ilaçe për të ulur temperaturën.
po ju jap njə re'tsetə me i'latʃe pər tə 'ulur
tempera'turən

Shall I have penicillin injections, doctor?
Do të bëj inxheksione peniciline, doktor?
do bəj indʒek'sjone penitsi'line dok'tor

No, some antibiotic tablets.
Jo, vetëm disa antibiotikë me kokrra.
jo, 'vetəm di'sa antibio'tikə me 'kokrra

Keep to your bed for three days, at least?
Qëndro në shtrat të paktën tri ditë.
qən'dro në ʃtrat tə 'paktən tri 'ditə

Will the temperature drop by then?
A do të ulet temperatura pas tri ditësh?
a do tə 'ulet tempera'tura pas tri 'ditəʃ

How long will it take to get well?
Kur do të bëhem mirë, shërohem?
kur do tə 'bəhem 'mirə, ʃə'rohem

Take care of yourself because there is flu about.
Ruaju se ka rënë gripi.
'ruaju se ka 'rənə 'gripi

I feel much better now.
Tani jam shumë më mirë.
ta'ni jam 'ʃumə mə 'mirə

Now I can swallow all right.
Tani kapërdihem shumë mirë.
ta'ni kapər'dihem 'ʃumə 'mirə

Let me see you again.
T'ju vizitoj edhe një herë.
tju vizi'toj 'ethe njə 'herə

Open your mouth.
Hapeni gojën.
'hapeni 'gojən

Breathe deep.
Merrni frymë thellë.
'merrni 'frymə 'θellə

Everything is all right now.
Tani çdo gjë është mirë.
ta'ni tʃdo djə 'əʃtə 'mirə

SURGERY

What's troubling you?
Çfarë keni, ju shqetëson?
'tʃfarə 'keni, ju ʃqetə'son

I have a swollen thumb.
më është enjtur gishti.
mə 'əʃtə 'ənjtur 'giʃti

I have run a splinter into my hand.
Më ka hyrë një gjemb në dorë.
mə ka 'hyrə njə djemb nə 'dorə

Will you remove it, please?
A mund ta hiqni, ju lutem?
a mund ta 'hiqni, ju 'lutem

I've cut my foot on a piece of glass.
Kam çarë këmbën me një copë xham.
kam 'tʃfarə 'kəmbən mə njə 'tsopə dʒam

Will you bandage it up?
A mund ta fashoni?
a mund ta fa'ʃoni

Avoid dirt, else it will swell again.
Evitoni papastërtitë, ndryshe do t'ju ënjtet përsëri.
evi'toni papastər'titə, 'ndryʃe do tju 'ənjtet pərsə'ri

I'll use some ointment to reduce the swelling.
T'i vëmë pak pomadë për të ulur ënjtjen.
ti 'vəmə pak po'madə pər tə 'ulur 'ənjtjen

Can you do something about this cut?
A mund të ma mjekoni këtë të çare?
a mund tə ma mje'koni kə'tə tə 'tʃarə

It was a piece of glass.
U preva me një copë xham.
u 'preva me njə 'tsopə dʒam

It is not infected.
Nuk është infektuar.
nuk 'əʃtə infek'tuar

I'll use an antiseptic.
Do t'i vë një antiseptik.
do ti və njə antisep'tik

You must have an anti-tetanus injection.
Duhet të bëni një injeksion kundër tetanosit.
'duhet tə 'bəni njə injek'sjon 'kundər teta'nosit

There is nothing to worry about.
Mos u shqetësoni.
mos u ʃqetə'soni

It will heal up very quickly.
Do të shërohet shumë shpejt.
do tə ʃə'rohet 'ʃumə ʃpejt

FRACTURES

I have a severe pain in my leg.
Kam një dhimbje fortë në këmbë.
kam njə 'thimbje 'fortə nə 'kəmbə

I have a pain here.
Kam një dhimbje këtu.
kam njə 'thimbje kə'tu

I've sprained my ankle.
Përdrodha këmbën.
pərd'rotha 'kəmbən

I can't move my ...
Nuk e lëviz dot ...
Nuk e lə'viz dot

You'll have an X-ray photograph.
Duhet të bëni një radiografi.
'duhet tə 'bəni njə radiogra'fi

It's a strained, pulled muscle.
Është një, tërheqje muskuli.
'əʃtə njə, tər'heqje 'muskuli

There's no fracture.
Nuk ka frakturë, thyerje.
nuk ka frak'turə, 'θyerje

I'll give you a sedative.
Do t'ju jap një qetësues.
do tju jap njə qetə'sues

No travelling for ... days.
Mos udhëtoni për ... ditë
mos uthə'toni pər ... 'ditə

AT THE HOSIPTAL

I am feeling worse.
Ndihem më rëndë, keq.
'ndihem mə 'rəndə, keq

The condition is getting worse.
Gjendja po keqësohet.
'djəndia po keqə'sohet

You'll have to be admitted to the hospital and undergo a general check-up.
Duhet të shtroheni në spital e të bëni një vizitë të përgjithshme.
'duhet tə 'ʃtroheni nə spi'tal e tə'bəni njə vi'zitə tə pər'djiθʃme

Have you ever been operated on?
A jeni operuar më përpara?
a 'jeni ope'ruar mə pər'para

I've been operated on for ...
Jam operuar nga ...
jam ope'ruar nga

What medicines have you taken?
Çfarë ilaçesh keni përdorur?
'tʃfarə i'latʃeʃ 'keni pər'dorur

How long have you been feeling this?
Sa kohë ka që e keni ndjerë këtë?
sa 'kohə ka qə e 'keni 'ndjerə kə'tə

I've been feeling this since ...
E kam ndjerë qysh prej ...
e kam 'ndjerə qyʃ prej

I'm very irritable.
Jam shumë nervoz, nevrik.
jam 'ʃumə ner'voz, nev'rik

I feel depressed.
Kam depresion.
kam depre'sjon

Can you give me some sleeping tablets?
A mund të më jepni hapje gjumi?
a mund tə mə 'jepni 'hapje 'djumi

I have no appetite at all.
Nuk kam oreks fare.
nuk kam o'reks 'fare

How long shall I stay here?
Sa kohë do të qëndroj këtu?
sa 'kohə do tə qən'droj kə'tu

Until you get well, recover.
Derisa të bëhesh mirë, të shërohesh.
derisa tə 'bəhəʃ 'mirə, tə ʃə'roheʃ

How much have I to pay?
Sa duhet të paguaj?
sa 'duhet tə pa'guaj

AT THE DENTIST

Is there any dentist here?
A ka dentist këtu?
a ka den'tist kə'tu

Where can I find the dentist?
Ku mund ta gjej dentistin?
ku mund ta djej den'tistin

Can you patch up a tooth for me temporarily?
A mund të më mjekoni provizorisht një dhëmb?
a mund tə mə mje'koni provizo'riʃt njə thəmb

I have a tooth ache.
Kam dhimbje dhëmbi.
kam 'thimbje 'thəmbi

This tooth is loose.
Ky dhëmb më lëviz.
ky thəmb mə lə'viz

No, the opposite one.
Jo, tjetri përballë.
jo, 'tjetri pər'ballə

That's the one that aches.
Po, ai më dhëmb.
po, ai mə thəmb

There is a cavity here.
Paska një virmë këtu?
'paska njə 'vrimə kə'tu

Does it need filling?
Mos duhet mbushur?
mos 'duhet 'mbuʃur

Should it be extracted?
Duhet hequr?
'duhet 'hequr

This one here needs refilling.
Ku këtu duhet rimbushur.
ky kə'tu 'duhet rim'buʃur

Has the filling fallen out?
Mos i ka rënë mbushja?
mos i ka ' rənə 'mbuʃja

I have broken a tooth.
Kam thyer një dhëmb.
kam 'θyer njə thəmb

Is it all over?
Mbaruat?
mba'ruat

Can I eat now?
A mund të ha tani?
a mund tə ha ta'ni

No, you musn't eat for two hours.
Jo për dy orë nuk duhet të hani.
jo, pər dy 'orə nuk 'duhet tə 'hani

When should I come back?
Kur duhet të vij përsëri?
kur 'duhet tə vij pərsə'ri

Thank you, good bye.	*Ju faleminderit, mirupafshim.*	Ju falemin'derit miru'paffim
bone fracture	*thyerje kocke*	'θyerje ' kotske
bruise	*vend i mavijosur*	vend i mavi'josur
burning	*djegie*	'djegje
catch a cold	*marr të ftohur*	marr tə 'ftohur
contussion (of the brain)	*tronditje (në tru)*	tron'ditje (nə tru)
cough	*kollë*	'kollə
cramp, spasm	*spazmë*	'spazmə
crushing, contusion	*shtypje*	'ftypje
cure	*kurim*	ku'rim
diagnosis	*diagnozë*	dia'gnozə
disease	*sëmundje*	sə'mundje
dizziness, vertigo	*marrje mendsh*	'marrje məndʃ
examination	*ekzaminim*	ekzami'nim
fainting	*të fikët*	tə 'fikət
food poisoning	*helmim nga ushqimi*	hel'mim nga uʃ'qimi

221

headache	*dhimbje koke*	'thimbje 'koke
holiday health resort		
qendër kurative klimaterike		
'qəndər kura'tive klimate'rike		
inflamation	*inflamacion*	inflama'tsjon
injection	*injeksion*	injek'sjon
injury, wound	*plagë*	'plagə
joints	*kyçe*	'kytʃe
(be) laid up,	*shtrohem në*	'ʃtrohem nə
hospitalize	*spital*	spi'tal
lumbago	*dhimbje në*	'thimbje nə
	kurriz,	ku'rriz,
	shpinë	'ʃpinə
massage	*masazh*	ma'saʒ
night-pot,		
chamber pot	*oturak*	otu'rak
nose bleeding	*gjak nga hundët*	djak nga 'hundət
nurse	*infermiere*	infer'mjere
- head nurse	*- kryeinfermiere*	,kryeinfer'mjere
- male nurse	*- infermier*	infer'mjer
- night nurse	*- infermiere nate*	infer'mjere 'nate
operation (operaton theatre)		
operacion (sallë operacioni)		
opera'tsjon ('sallə opera'tsjoni)		
pain	*dhimbje*	'thimbje
patient	*pacient*	pa'tsjent
radiation, ray-treatment		
rreze, trajtim me rreze		
'rreze, traj'tim me 'rreze		
respiration	*frymëmarrje*	frymə'marrje
running nose	*kullojnë hundët*	ku'llojnə 'hundət
shivering fit,		
chill	*të dridhura*	tə 'drithura
sick	*pa qeif, i sëmurë*	pa qejf, i sə'murə
sore throat	*djegje fyti*	'djegje 'fyti
stitch in the		
side	*therje anash*	'θerje 'anaʃ
stomach-ache	*dhimbje*	'thimbje
	stomaku	sto'maku
sun-burn	*djegjie nga dielli*	'djegje nga 'dielli
suppuration	*qelbëzim*	qelbə'zim

swelling	*e fryrë*	e'fryrə
temperature	*diagrama e*	dia'grama e
chart	*temperaturës*	tempera'turəs
temperature,		
fever	*temperaturë*	tempera'turə
tetanus	*tetanos*	teta'nos
vomit (v.)	*vjell*	vjell
wound	*plagë*	'plagə

DISEASES AND ILLNESSES

abscess	*abses*	a'bses
allergy	*alergji*	aler'dji
appoplexy,		
stroke	*damlla, pikë*	dam'lla, 'pikə
asthma	*astmë*	'azmə
attack	*atak*	a'tak
bleeding	*gjakosje*	dja'kosje
blood-poisoning	*helmim gjaku*	hel'mim 'djaku
bronchitis	*bronshit*	bron'ʃit
boil; furuncle	*çiban; lungë*	tʃi'ban; 'lungə
cancer	*kancer*	kan'tser
chicken-pox	*lijë e dhenve*	'lijə e 'thenve
conjunctivitis	*konjunktivit*	konjunkti'vit
constipation	*kapsllëk*	kaps'llək
diabetes	*diabet*	dia'bet
diarrhea	*diare*	dia're
dysentery	*dizenteri*	dizante'ri
eruption; rash	*rrjebull;*	'rrjebull;
	ekzemë	ek'zemə
gall bladder	*mëshikëz e*	mə'ʃikəz e
	tëmthit	'təmθit
gallstone	*gurë në tëmth*	'gurə nə təmθ
hemorrahage	*hemorragji*	hemora'dji
heart disease	*sëmundje*	sə'mundje
	zemre	'zemre
-coronary in-	*-insuficiencë ko-*	-insufi'tʃiensə
sufficiency	*ronare*	koro'nare
-heart attack	*-atak në zemër*	-a'tak nə 'zemər

223

-myocardial infraction	-infarkt i miokardit	-in'farkt i mio'kardit
insomnia	pagjumësi	padjumə'si
malaria	malarje	ma'larje
measels	fruth	fruθ
metabolism	metabolizëm	metabo'lizəm
nephritis' kidney infection		
nefrit; infeksion i veshkave		
ne'frit; infe'ksion i 'veʃkave		
pleurisy	pleurit	pleu'rit
poisioning, intoxication	helmim, helmatisje	hel'mim, helma'tisje
rheumatism	reumatizëm	reuma'tizəm
scarlet fever, scarletina	skarlatinë	skarla'tinə
sciatica	shiatik	ʃia'tik
skin abrazion	rënie lëkure	'rənie lə'kure
small –pox	lijë	'lijə
sun-stroke	pikë e diellit	'pikə e 'diellit
tonsilitis	inflamacion i bajameve	inflama'tsjon i ba'jameve
tubérculosis	tuberkuloz	tuberku'loz
typhoid fever	tifo	'tifo
ulcer	ulçer	'ultʃer
whooping-cough	kollë e bardhë	'kollə e 'barthə

PHARMACY

Where is the pharmacy?
Ku është farmacia?
ku 'əʃtə farma'tsia

When is it open?
Kur hapet?
kur 'hapet

Does it run a night-service?
A është e hapur natën?
a 'əʃtə e 'hapur 'natən

Here's the prescription.
Urdhëroni recetën.
urthə'roni re'tsetən

I would like some cough mixture.
Desha diçka kundër kollës.
'deʃa di'tʃka 'kundər 'kolləs

Could you give me something against sun-burn?
A mund të më jepni diçka kundër djegjes nga dielli?
a mund tə mə 'jepni di'ʃka 'kundər 'djegjes nga 'dielli

Do I have to wait?
Duhet të pres?
'duhet tə pres

When will my medicine be ready?
Kur janë gati ilaçet e mia?
kur 'janə 'gati i'latʃet e 'mia

Can you supply it without a prescription?
A mund të m'i jepni pa recetë?
a mund tə mi 'jepni pa re'tsetə

I would like a laxative.
Dëshiroj një purgativ.
dəʃi'roj njə purga'tiv

How shall I take them?
Si duhet t'i pi?
si 'duhet ti pi

One ... every ... hours.
Një ... një çdo ... orë.
njə ... nə tʃdo ... 'orə

I would like,
Dëshiroj,
dəʃi'roj

antiseptic ointment, liquid
lëng, pomadë antiseptike
ləng, po'madə antisep'tike

aspirins	*aspirina*	aspi'rina
bandage	*fasho*	'faʃo
diabetic lozenge	*hapje për diabetikë*	'hapje pər diabe'tikə
disinfectant	*dezinfektant*	dizinfek'tant
ear-drops	*ilaç me pika për vesh*	i'latʃ me 'pika pər veʃ
eye-drops	*ilaç me pika për sy*	i'latʃ me 'pika pər sy
feeding bottle	*shishe me gramaturë*	'ʃiʃe me grama'turə
hot-water bottle	*borsë*	'borsə
insect repellant	*ilaç kundër insekteve*	i'latʃ 'kundər in'sekteve
insecticide	*insekticid*	insekti'tsid
iodine	*jodio*	'jodio
mouth-wash, gargle	*gargarë*	gar'garə
a pipette	*pipetë*	pi'petə
sticking plaster	*leukoplast*	leuko'plast
sleeping tablets, pills	*hapje për gjumë*	'hapje pər 'djumə
syringe	*shiringë*	ʃi'ringə
tablets against	*tableta kundër*	tab'leta 'kundər
talcum powder	*pudër talk*	'pudər talk
thermometer	*termometër*	termo'metər
tonic	*tonik*	to'nik
cotton-wool, wadding	*pambuk hidrofil*	pam'buk hidro'fil

How much must I pay?
Sa duhet të paguaj?
sa 'duhet tə pa'guaj

Thank you very much.	**Good-bye.**
Ju faleminderit shumë.	*Mirupafshim.*
ju falemin'derit 'ʃumə	miru'pafʃim

30. AT THE THEATRE, CINEMA — NË TEATËR, KINEMA

Shall we go to the theatre tonight?
A shkojmë në teatër sonte?
a 'ʃkojme ne te'ater 'sonte

What's on tonight?
Çfarë luhet sonte?
'tʃfarə 'luhet 'sonte

The house might be sold out in advance.
Biletat mund të jenë shitur më përpara.
bi'letat mund te 'jenə 'ʃitur mə pər'para

We've booked the tickets.
I kemi rezervuar biletat.
i'kəmi rezer'vuar bi'letat

How much does a ticket cost?
Sa kushton një biletë?
sa ku'ʃton njə bi'letə

The performance starts at ...
Shfaqja fillon në orën ...
'ʃfaqja fillon nə 'orən

Can we leave our coats in the cloak-room?
A mund t'i lëmë palltot në garderobë?
a mund ti 'ləmə 'palltot nə garde'robə

You'll get the programmes from the usher.
Programet mund t'i merrni nga punonjësja e sallës.
pro'gramet mund t'i 'merrni nga pu'nonjəsja e 'salləs

It's a play in 5 acts.
Është dramë me 5 akte.
'əʃtə 'dramə me 'pesə 'akte

It's a very good play.
Është dramë shumë e mirë.
'əʃtə 'dramə ʃumə e 'mirə

Would you please mind moving over one seat to the left?
A mund të shtyhenl një karrige nga e majta, ju lutem?
a mund tə 'ʃtyheni njə ka'rrige nga e 'majta, ju 'lutem

Who plays the leading role tonight?
Kush e luan rolin kryesor sonte?
kuʃ e 'luan 'rolin krye'sor 'sonte

It's an excellent cast tonight.
Sonte është një trupë shumë e mirë.
'sonte 'əʃtə njə 'trupe 'ʃumə e 'mirə

Who wrote the play?
Kush e ka shkruar këtë dramë?
kuʃ e ka 'ʃkruar kə'tə 'dramə

Who's the producer?
Kush është regjisori?
kuʃ 'əʃtə redji'zori

Who's the conductor of the orchestra?
Kush është dirigjenti i orkestrës?
kuʃ 'əʃtə diri'djenti i or'kestrəs

The curtain is going up.
Po ngrihet sipari, perdja.
po 'ngrihet si'pari, 'perdia

The lights are going out.
Po fiken dritat.
po 'fiken 'dritat

The last scene was marvellous.
Skena e fundit ishte e mrekullueshme.
'skena e 'fundit 'iʃte e mreku'lluleʃme

Who played the part of ...
Kush e luajti rolin e ...
kuʃ e 'luajti 'rolin e

That role was superb.
Ishte një rol i përkryer.
'iʃte njə rol i pər'kryer

I was carried away by his (her) acting.
U mahnita nga loja e tij (e saj).
u mah'nita nga 'loja e tij (saj)

Curtain call is following curtain call.
Vazhdojnë t'i bëjnë bizë.
vaʒ'dojnə ti 'bəjnə 'bizə

Tonight's was the first public performance.
Sonte ishte premiera.
'sonte 'iʃte pre'mjera

The main idea was ...
Ideja kryesore ishte ...
i'deja krye'sore 'iʃte

The theme was taken from the life in the countryside.
Tema ishte marrë nga jeta në fshat.
'tema 'iʃte 'marrə nga 'jeta nə ffat

The events took place in the village of ...
Ngjarja zhvillohej në fshatin ...
'ndjarja ʒvi'llohej nə 'ffatin

The playwright must have been living there himself.
Dramaturgu duhet të ketë jetuar vetë atje.
drama'turgu 'duhet tə 'ketə je'tuar 'vetə a'tje

Have they been rehearsing for long?
Sa kohë prova kanë bërë?
a 'kohə 'prova 'kanə 'bərə

It was true to life.
Ishte tamam ngjarje e vërtetë.
'iʃte ta'mam 'ndjarje e vər'tetə

It will have a successful run.
Do të ketë sukses.
do tə 'ketə suk'ses

Is it the first time you have staged, produced this play?
Për herë të parë e vini këtë dramë?
per 'herə tə 'parə e 'vini kə'tə 'dramə

act	*akt*	akt
actor(**actress**)	*aktor(e)*	ak'tor(e)
aria from an opera by ...	*arie nga një operë e ...*	'arie nga njə 'operə e
applaud (v.)	*duartrokas*	duartro'kas
applause	*duartrokitje*	duartro'kitje
box	*lozhë*	'lloʒə
comedy	*komedi*	kome'di
composer	*kompozitor*	kompozi'tor
curtain	*sipar*	si'par

curtain call, encore
përshëndetje e publikut, bizë
pərʃən'detje e pub'likut, 'bizə
costume department
kostumet, rekuizlta
kos'tumet, rekui'zita
dress rehearsal
provë finale
'provə fi'nale
excellent, poor acting
interpretim i shkëlqyeshëm, i dobët
interpre'tim i ʃkəl'qye ʃəm, i 'dobət
stage lights
dritat e skenës
'dritat e 'skenəs

full house
sallë e mbushur plot e përplot
'sallə e'mbuʃur plot e pər'plot
gallery
kat i dytë (i sallës)
'kat i 'dytə (i 'salləs)
leading actor, role
aktori, roli kryesor
ak'tori, 'roli krye'sor
a very life-like interpretation
interpretim shumë i natyrshëm
interpre'tim 'ʃumə i na'tyrʃəm
matinee
shfaqje para dite
'ʃfaqje 'para 'dite
make-up man
grimier
gri'mjer
opera theatre
teatër i operës
te'atər i 'operəs
orchestra conductor
dirigjent i orkestrës
dir'djent i or'kestrəs
orchestra stalls
platé
pla'te
play
dramë
'dramə
perform, act, play the role of ...
luaj rolin e ...
'luaj 'rolin e
playwright, dramatist
dramaturg
drama'turg
He is playing an encore.
Ai po interpreton edhe një herë.
ai po interpre'ton 'ethe njə 'herə

pit
gropa e orkestrës
'gropa e or'kestrəs
producer
regjisor
redji'zor
property department
dekori
de'kori
puppet-theatre
teatër kukullash
te'atər 'kukullaʃ
People's Artist; Merited Artist
Artist i Popullit; Artist i merituar
ar'tist i 'popullit; ar'tist i meri'tuar

prompter	*sufler*	su'fler
scene, act	*skenë*	'skenə, akt
scene painter	*piktor skene*	pik'tor 'skene
script writer	*skenarist*	skena'rist
singer (woman)	*këngëtar(e)*	kəngə'tar(e)
soloist	*solist*	so'list
soprano	*soprano*	so'prano
seats	*vendet*	'vendet

What film is on tonight?
Çfarë filmi ka sonte në kinema?
'tʃarə 'filmi ka' sonte nə kine'ma

Where's ... on?
Në cilën kinema shfaqet filmi...?
nə 'tsilən kine'ma 'ʃfaqet 'filmi

A new Albanian film.
Film i ri shqiptar.
film i ri ʃqip'tar

When does it start?
Kur fillon filmi?
kur fi'llon 'filmi

I don't like to sit right in front, close to the screen.

Nuk më pëlqen të rri përpara, afër ekranit.

nuk mə pəl'qen tə rri pər'para, 'afər e'kranit

The cast was splendid.

Aktorët qenë të shkëlqyeshëm.

ak'torət 'qenə tə ʃkəl'qyeʃəm

It was a beautiful film.

Ishte film i bukur.

'iʃte film i 'bukur

I enjoyed every bit of it.

Më pëlqeu çdo pjesë e tij.

mə pəl'qeu tʃdo 'pjesə e tij

Who is the producer?

Kush është regjisori (i filmit)?

kuʃ 'əʃtə redji'zori (i 'filmit)

Will this be dubbed in English?

A do të dublohet ky film në anglisht?

a do tə dub'lohet ky film nə ang'liʃt

I really enjoyed it.

U kënaqa me të vërtetë.

u kə'naqa me tə vər'tetə

The camera-work was perfect.

Kameramani ka punuar shkëlqyeshëm.

ˌkamera'mani ka pu'nuar ʃkəl'qyeʃəm

It was a concert by our folk song and dance ensemble.

Ishte një koncert nga Ansambli ynë i Këngëve dhe i Valleve Popullore.

'iʃte njə kon'tsert nga an'sambli 'ynə i 'kəngəve the 'valleve popu'llore

animated cartoon
film multiplikativ
film multiplika'tiv
cinema
kinema
kine'ma
cinema-audience, film-goers
spektatorët e filmit
spekta'torət e 'filmit
colour, black and white film
film me, pa ngjyra
film me, pa 'ndjyra
documentary film
film dokumentar
film dokumen'tar

feature film	*film artistik*	film artis'tik
filmstudio	*kinostudio*	kino'studjo
film script	*skenar filmi*	ske'nar 'filmi
film actor	*aktor filmi*	ak'tor 'filmi
newsreel	*dokumentar*	dokumen'tar
premiere	*premierë*	pre'mjerə
screen adaptation	*dramatizim*	dramati'zim
from ...	*nga ...*	nga
screen	*ekran*	e'kran
screen (a film)	*shfaq, jap*	ʃfaq, jap
	(një film)	(njə film)
shoot (a film)	*xhiroj (një film)*	dʒi'roj (njə film)
sound film	*film me zë*	film me zə
play, star (v.)	*luaj (një rol*	'luaj (njə rol
	në film)	nə film)
starring	*interpretojnë*	interpre'tojnə

I like classical music.
Mua më pëlqen muzika klasike.
'mua mə pə'lqen mu'zika kla'sike

I would like to attend a symphonic concert.
Dëshiroj të shoh një koncert sinfonik.
dəʃi'roj tə ʃoh njə kon'tsert simfo'nik

234

I like works by Albanian composers.
Më pëlqejnë veprat e kompozitorëve shqiptarë.
me pə'lqejnə 'veprat e kompozi'torəve ʃqip'tarə

Do you like folk songs and dances?
A ju pëlqejnë këngët e vallet popullore?
a ju pə'lqejnə 'kəngət e 'vallet popu'llore

Your ensemble is famous.
Ansambli juaj është me famë.
an'sambli 'juaj 'əʃtə me 'famə

Dance music is nice, too.
Edhe muzika e vallëzimit është shumë e bukur.
'ethe mu'zika e vall'zimit 'əʃtə 'ʃumə e 'bukur

Is this melody Albanian?
Shqiptare është kjo melodi?
ʃqip'tare 'əʃtə kjo melo'di

Do you have a folk instruments orchestra?
A keni orkestër me instrumente popullore?
a 'keni or'kestər me instru'mente popu'llore

Yes, indeed a big one.
Po, bile të madhe.
po, 'bile tə 'mathe

31. SPORTS — SPORTET

I am very fond of sport.
Unë jam shumë i dhënë pas sportit.
'unə jam' 'ʃumə i 'thənə pas 'sportit

What sports do you have here?
Çfarë sportesh praktikoni këtu?
'tʃfarə 'sporteʃ prakti'koni kə'tu

What are the most popular sports in your country?
Cilat janë sportet më popullore në vendin tuaj?
'tsilat 'janə 'sportet mə popu'llore nə'vendin 'tuaj

I'm not a sportsman but I love sport.
Unë nuk jam sportist por e dua sportin.
'unə nuk jam spor'tist por e 'dua 'sportin

I am a soccer fan.
Unë jam tifoz futbolli.
'unə jam ti'foz fut'bolli

Do you have boxing?
Ushtrohet boksi këtu?
uʃ'trohet 'boksi kə'tu

No, only wrestling.
Jo, vetëm mundja.
jo 'vetəm 'mundja

I see the youth take part in sport in a big way.
Po shoh që rinia merr pjesë aktive në sport.
po ʃoh qə ri'nia merr 'pjesə ak'tive nə sport

Football is the most popular sport in Albania.
Futbolli është sporti më popullor në Shqipëri.
fut'bolli 'əʃte 'sporti mə popu'llor nə ʃqipə'ri

Which teams are contesting the title?
Cilat ekipe janë rivale për titull?
'tsilat e'kipe 'janə ri'vale pər 'titull

What was the result of yesterday's match?
Si ishte rezultati i ndeshjes së djeshme?
si 'iʃte rezul'tati i 'ndeʃjes sə 'djeʃme

It ended two all.
Përfundoi dy me dy.
pərfun'doi dy me dy

It was hotly contested.
Pati shumë rivalitet.
'pati 'ʃumə rivali'tet

**The referee announced an addition of one minute
extra time.**
Gjyqtari lajmëroi për një minutë shtesë loje.
djyq'tari lajmə'roi pər njə mi'nutə 'ʃtesə' loje

Partizani evened the score.
Partizani barazoi rezultatin.
parti'zani bara'zoi rezul'tatin

The match ended in a 0-0 draw.
Ndeshja përfundoi barazim zero me zero.
'ndeʃja pərfun'doi bara'zim 'zero me 'zero

I would like to see a football match,
Dëshiroj të shikoj një ndeshje futbolli,
dəʃi'roj tə ʃi'koj njə 'ndeshje fut'bolli

- a volleyball match
- një ndeshje volejbolli
njə 'ndeʃje volej'bolli

- basketball match
- një ndeshje basketbolli
njə 'ndeʃje basket'bolli

- cycling race
- një garë çiklistike
njə 'garə tʃiklis'tike

- **running races.**
- *gara vrapimi.*
  'gara vra'pimi

I liked the line-up of the team.
Më pëlqeu rreshtimi i ekipit.
mə pəl'qeu rreʃ'timi i e'kipit

He is a fine athlete.
Ai është atlet shumë i mirë.
ai 'əʃtə at'let 'ʃumə i 'mirə

He is in good form.
Ai është në formë të mirë sportive.
ai 'əʃtə nə 'formə tə 'mirə spor'tive

She won by several points.
Ajo fitoi me pikë.
ajo fi'toi me 'pikə

He broke the record.
Ai theu rekordin
ai 'θeu re'kordin

She improved on her record.
Ajo përmirësoi rekordin e saj.
a'jo pərmirə'soi re'kordin e saj

The runner-up was ...
I dyti doli ...
i 'dyti 'doli

You are excellent in shooting.
Ju jeni shumë të mirë në qitje.
ju 'jeni 'ʃumə tə 'mirə nə 'qitje

We have good results in weight-lifting, too.
Edhe në ngritje peshash kemi rezultate të mira.
'ethe nə 'ngritje 'peʃaʃ 'kemi rezul'tate tə 'mira

athletics	atletikë	atle'tikə
championship	kampionat	kampio'nat
chess	shah	ʃah
compulsory	ushtrim i	uʃ'trim i
exercise	detyrueshëm	dety'rueʃəm
contending teams	ekipe rivale	e'kipe ri'vale
(the)		
contestants	rivalët (në gara)	ri'valət (nə 'gara)
cup final	finale e kupës	fi'nale e 'kupəs
cup semi-	gjysmëfinalet e	'djysməfi'nalet e
-final	kupës	'kupəs
cycling	çiklizëm	tʃik'lizəm
elimination	sistem	sis'tem
system	eliminimi	elimi'nimi
event	garë; ngjarje	'garə; 'ndjarje
fencing	skermë	'skermə
free exercise	ushtrim i lirë	u'ʃtrim i 'lirə
local team	ekipi vendas	e'kipi 'vendas
match	ndeshje	ndeʃje
referee	arbitër	ar'bitər
umpire	gjyqtar, arbitër	giyq'tar, ar'bitər

FOOTBALL

football	top futbolli	top fut'boli
corner	goditje nga	go'ditje nga
(corner kick)	këndi	'kəndi
free kick	goditje e lirë,	go'ditje e 'lirə,
	dënimi	de'nimi
first-half	pjesa e parë	'pjesa e 'parə
full-time	koha e plotë	'koha e 'plotə
offside	pozicion jashtë	pozi'tsjon 'jaʃtə
	loje	'loje
penalty	penallti	penall'ti
penalty area	zonë e	'zonə e
	rreptësisë	rreptə'sisə
score a goal	shënoj gol	ʃə'noj gol

239

THE LINE UP

1. goal-keeper
portieri
por'tjeri

2, 3, 4, 5, defenders or backs
mbrojtësa
'mbrojtəsa

> **-right, left back**
> *-mbrojtës i djathtë, majtë*
> 'mbrojtəs i djathtə, 'majtə

6, 7, 8 midfield link men
lojtarët e mesit të fushës
loj'tarət e 'mesit tə fushəs

- centre half
- lojtar i mesit të fushës
- loj'tari i 'mesit tə 'fuʃəs

9, 10, 11 strikers, forwards
sulmuesit
sul'muesit

- centre forward
qëndërsulmuesi
'qəndər-sul'muesi

- outside left, right
- sulmues i majtë, djathtë
sul'mues i 'majtə, 'djaθtə

touch line
vijë anësore
'vijə anə'sore

halfway line
vijë e mesit të fushës
'vijə e 'mesit tə 'fuʃəs

goal line
vijë fundore
'vijə fun'dore

penalty spot
pika e njëmbëdhjetëmetërshit
'pika e 'njəmbəthjetə'metər ʃit

centre circle
trethi i mesit të fushës
'rreθi i 'mesit tə 'fuʃəs

centre spot
pika e mesit të fushës
'pika e 'mesit tə 'fuʃəs

linesman
ndihmës'gjyqtar
'ndihməsgjyq'tar

(the) throw-in
rivënie nga vija anësore
ri'vənje nga 'vija anə'sore

(the) final wistle
vërshëllima e përfundimit të ndeshjes
verʃə'llima e pərfun'dimit tə 'ndeʃjes

ATHLETICS

100 meters sprint race
garë vrapimi 100 metra
'garə vra'pimi njə'qind 'metra

marathon
marathonë
mara'θonə

10,000 meters walk
10,000 metra ecje sportive
'thjetmijə 'metra 'etsje spor'tive

4 X 100 meters relay
stafetë 4 herë 100
sta'fetə 'katər 'herə njə'qind

110 meters hurdles
110 metra me pengesa
,njəqinde'thjetə 'metra me pe'ngesa

high jump	*kërcim së larti*	kər'tsim sə 'larti
long jump	*kërcim së gjati*	kər'tsim sə 'djati
hop, stop	*kërcim*	kər'tsim
and jump	*tre-hapësh*	tre 'hapəʃ
shot-put	*hedhje gjyle*	'hethje 'djyle
discuss throw	*hedhje disku*	'hethje 'disku
hammer throw	*hedhje çekiçi*	'hethje tʃe'kitʃi
pole vault	*kërcim me shkop*	kər'tsim me ʃkop
javelin throw	*hedhje shtize*	'hethje 'ʃtize
decathlon	*dhlijetëgarësh*	,thjetə'gareʃ
pentathlon	*pesëgarësh*	'pesə'garəʃ
sprinter	*sprintjer*	sprin'tjer
hurdler	*vrapues me pengesa*	vra'pues me pe'ngesa

high, long, triple jumper
kërcyes së larti, së gjati, trehapësh
kər'tsyes sə 'larti, sə 'djati, tre'hapəʃ

discuss, javelin, hammer thrower
hedhës disku, shtize, çekiçi
'hethəs 'disku, 'ʃtize, tʃe'kitʃi

feather weight
peshë pupël
'peʃə 'pupəl

lightweight
peshë e lehtë
'peʃe e 'lehtə

heavyweight
peshë e rëndë
'peʃə e 'rəndə

middle weight
peshë e mesme
'peʃə e 'mesme

GYMNASTICS

side horse
kalim kaluçi për së gjeri
ka'lim ka'lutʃi pər sə 'djəri

long horse
kalim kaluçi për së gjati
ka'lim ka'lutʃi pər sə 'djati

free exercise
ushtrime të lira
u'ʃtrime tə 'lira

horizontal bar
ushtrime në paralele
u'ʃtrime nə para'lele

balance beam
tra ekuilibri
tra ekui'libri

(flying-) rings
unaza
'unaza

SWIMMING

stroke	*stil*	stil
breast stroke	*stil bretkocë*	stil bret'kotsə
back stroke	*stil shpinë*	stil 'ʃpinə
crawl stroke	*krol*	krol
butterfly stroke	*stil delfin*	stil del'fin
free-style	*stil i lirë*	stil i 'lirə

| highboard dives | kërcime nga trampolina | kər'tsime nga trampo'lina |
| swimming pool | pishinë | pi'ʃfinə |

medlay relay
4 x 100 stafetë e përzier
'katər 'herə njə'qind sta'fetə e pər'zier

waterpolo
vaterpol
vater'pol

CHESS

chess championship	kampionat i shahut	kampio'nat i 'ʃahut
board	fushë	'fuʃə
check-mate	mat	mat
chess board	tabelë shahu	tabelə 'ʃahu
check	shah	ʃah
castle (v.)	bëj rrokadën	bəj rro'kadən
king	mbret	mbret
queen	mbretëreshë	mbretə'reʃə
bishop	oficer	ofi'tser
knight	kalë	'kalə
rook, castle	kala, torrë	ka'la, 'torrə
piece	figurë	fi'gurə
pawn	ushtar	u'ʃtar
opening(move)	hapje	'hapje

He has material superiority.
ai ka gurë më shumë.
ai ka 'gurə mə 'ʃumə

I'll play white.
Unë do të luaj me të bardhët.
'unə do tə 'luaj me tə 'barthət

I am a pawn down.
Unë kam një ushtar më pak.
'unə kam njə uʃ'tar mə pak

You won a piece.
Fitove një figurë.
fi'tove njə fi'gurə

It's stalemate.
Rremi.
rre'mi

You won on points.
Fituat me pikë.
fi'tuat me 'pikə

Other Hippocrene Language Titles of Interest

ALBANIAN-ENGLISH/ENGLISH-ALBANIAN
PRACTICAL DICTIONARY
18,000 entries • 400 pages • 4 x 7 • 0-7818-0419-1
• $14.95 paperback • (483)

ALBANIAN DICTIONARY AND PHRASEBOOK
200 pages • 3¾ x 7 • 0-7818-0793-X
• $11.95 paperback • (498)

ENGLISH-ALBANIAN COMPREHENSIVE
DICTIONARY
60,000 entries • 1,000 pages • 6 x 9½ • 0-7818-0510-4
• $60.00 hardcover • (615)

ENGLISH-ALBANIAN COMPREHENSIVE
DICTIONARY
60,000 entries • 1,000 pages • 6 x 9½ • 0-7818-0792-1
• $35.00 paperback • (305)

BOSNIAN-ENGLISH/ENGLISH-BOSNIAN
COMPACT DICTIONARY
8,500 entries • 332 pages • 3½ x 4¾ • 0-7818-0499-X
• $8.95 paperback • (204)

BOSNIAN-ENGLISH/ENGLISH-BOSNIAN
DICTIONARY AND PHRASEBOOK
1,500 entries • 175 pages • 3¾ x 7 • 0-7818-0596-1
• $11.95 paperback • (691)

BULGARIAN-ENGLISH/ENGLISH-BULGARIAN
COMPREHENSIVE DICTIONARY
54,000 entries • 1,050 pages • 6¾ x 9¾ • 0-7818-0507-4
• $90.00 2-vol set • (613)

BULGARIAN-ENGLISH/ENGLISH-BULGARIAN
COMPACT DICTIONARY
6,500 entries • 323 pages • 3½ x 4¾ • 0-7818-0535-X
• $8.95 paperback • (623)

BULGARIAN-ENGLISH/ENGLISH-BULGARIAN
PRACTICAL DICTIONARY
6,500 entries • 323 pages • 4⅜ x 7 • 0-87052-145-4
• $14.95 paperback • (331)

BEGINNER'S BULGARIAN
207 pages • 5½ x 8½ • 0-7818-0300-4
• $9.95 paperback • (76)

HUNGARIAN-ENGLISH STANDARD
DICTIONARY
40,000 entries • 650 pages • 4½ x 8½ • 0-7818-0390-X
• $40.00 paperback • (43)

ENGLISH-HUNGARIAN STANDARD
DICTIONARY
40,000 entries • 541 pages • 4½ x 8½ • 0-7818-0391-8
• $40.00 paperback • (48)

HUNGARIAN-ENGLISH/ENGLISH-HUNGARIAN
CONCISE DICTIONARY
7,000 entries • 200 pages • 4 x 6 • 0-7818-0317-9
• $14.95 paperback • (40)

HUNGARIAN-ENGLISH/ENGLISH-HUNGARIAN
COMPACT DICTIONARY
7,000 entries • 200 pages • 3½ x 4¾ • 0-7818-0623-2
• $8.95 paperback • (708)

HUNGARIAN HANDY EXTRA DICTIONARY
4,400 entries • 209 pages • 5 x 7¾ • 0-7818-0164-8
• $8.95 paperback • (2)

BEGINNER'S HUNGARIAN
200 pages • 5½ x 7 • 0-7818-0209-1
• $7.95 paperback • (68)

HUNGARIAN BASIC COURSE
266 pages • 5½ x 8½ • 0-87052-817-3
• $14.95 paperback • (131)

MACEDONIAN-ENGLISH/ENGLISH-MACEDONIAN
CONCISE DICTIONARY
 14,000 entries • 400 pages • 4 x 6 • 0-7818-0516-3
• $14.95 paperback • (619)

BEGINNER'S ROMANIAN
105 pages • 5½ x 8½ • 0-7818-0208-3
• $7.95 paperback • (79)

ROMANIAN CONVERSATION GUIDE
200 pages • 5½ x 8½ • 0-87052-803-3
• $9.95 paperback • (153)

ROMANIAN GRAMMAR
100 pages • 5½ x 8½ • 0-87052-892-0
• $6.95 paperback • (232)

SERBIAN-ENGLISH/ENGLISH-SERBIAN
CONCISE DICTIONARY
14,000 entries • 400 pages • 4 x 6 • 0-7818-0556-2
• $14.95 paperback • (326)

SLOVENE-ENGLISH/ENGLISH-SLOVENE
MODERN DICTIONARY
36,000 entries • 935 pages • 4 x 7 • 0-7818-0252-0
• $24.95 paperback • (19)

Prices subject to change without notice.
To order Hippocrene Books, contact your local book-
store, call (718) 454-2366, or write to: **Hippocrene
Books**, 171 Madison Ave. New York, NY 10016. Please
enclose check or money order adding $5.00 shipping
(UPS) for the first book and $.50 for each additional title.

OKANAGAN ...
3 3132 01717 0756